# TIPS DE ADMINISTRACIÓN Y FINANZAS PARA LA MICRO Y PEQUEÑA EMPRESA

**Índice**

IO468075

**Páginas**

**Bibliografía**

## Introducción

Este documento está dedicado a todas los emprendedores, contiene diversos conceptos de administración y finanzas abordados de una manera sencilla e informal con la finalidad de acercar el conocimiento a las personas que poseen una microempresa o pequeña empresa o que están deseando iniciar un pequeño negocio.

En materia de administración, se comentan aspectos de comportamiento organizacional, motivación, aspectos de recursos humanos, de logística, compras, manejo de proveedores, análisis de clientes, calidad, entre otros.

En relación a los temas de finanzas, se presentan elementos de determinación del presupuesto de ventas, de compras, métodos de determinación de precios.

Es importante resaltar que ésta información se encuentra en diversas fuentes de los autores de las teorías aquí consideradas, sin embargo, a fin de profesionalizar y obtener una mayor calidad y productividad en las micro y pequeñas empresas, se retoman y se modifican para otorgar un enfoque específico a las teorías a fin de que puedan aplicarse por cualquier persona sin importar el tamaño de su empresa.

Atentamente


Dra. Ma. De Los Angeles Mendoza González

## Actitudes personales que hacen crecer su empresa

Hay algunas actitudes que descansan en diferentes habilidades con las que algunas personas nacen o adquieren durante su vida y que son útiles cuando se aplican en la administración para consolidar y hacer crecer su negocio, a continuación se comentan algunas de ellas.

- Habilidades sociales: Capacidad de relacionarnos con los demás en forma tal que consigamos un máximo de beneficios y un mínimo de consecuencias negativas, tanto a corto, como a largo plazo, se puede aplicar la técnica ganar-ganar.

- Habilidades avanzadas: Son aquellas que utilizamos para pedir ayuda, participar, dar instrucciones, seguir instrucciones, disculparse, convencer a los demás.

Útil para crear sinergia dentro de la empresa, motivar a los empleados y tener una dirección eficaz.

- Habilidades relacionadas con los sentimientos: Se aplican cuando se conocen los propios sentimientos, expresar los sentimientos, comprender los sentimientos de los demás, enfrentarse con el enfado del otro, expresar afecto, resolver el miedo, auto-recompensarse.

Nos permiten ser empáticos, entender a los clientes, empleados y mantener una actitud abierta hacia los demás.

- Habilidades alternativas a la agresión: Se utilizan para pedir permiso, compartir algo, ayudar a los demás, negociar, emplear el autocontrol, defender los propios derechos, responder a las bromas. evitar los problemas con los demás, no entrar en peleas.

Esta habilidad es muy importante, ya que permite que se reflexione antes de actuar impulsivamente, evitando las confrontaciones con clientes, proveedores y logrando un ambiente armónico con los empleados.

- Habilidades de planificación: Capacidad para tomar iniciativas, discernir sobre la causa de un problema, establecer un objetivo, obtener información, resolver los problemas según su importancia, tomar una decisión, concentrarse en una tarea.

Permite priorizar los problemas y darle la dimensión adecuada para " No ahogarse en un vaso de agua".

- Habilidades de comunicación: Base fundamental de una saludable relación entre las personas, por lo que debe ser clara y precisa, evitando una complejidad innecesaria en los mensajes transmitidos para que no afecte de modo negativo las relaciones interpersonales.

Es decir ser claro, objetivo y directo, con palabras sencillas para no crear rumores y lograr que las instrucciones y objetivos se cumplan correctamente.

- Autoestima positiva: Se refieren a saber escuchar, expresar los mensajes con claridad y precisión, ordenar los pensamientos, capacidad de superar dificultades personales y adquirir compromisos, creatividad, autonomía personal.

Con esta habilidad se podrá tener la capacidad para emprender proyectos y favorecer la creación de relaciones sociales más satisfactorias.

Lo importante de estas actitudes es que pueden desarrollarse a través de libros especializados y cursos para desarrollar la autoestima, manejo de conflictos y estrés, entre otros. Así como a través de la autocrítica y reflexión acerca de nuestras deficiencias y búsqueda de soluciones y superación constante, sirviendo no sólo para acrecentar nuestro patrimonio al solucionar diferentes conflictos con actitudes adecuadas sino también para lograr un equilibrio en las diferentes áreas de la vida personal.

**Algunas causas del fracaso en las Micro y Pequeña empresas y cómo prevenirlas.**

Conforme a las estadísticas, más del 50% de las Micro y Pequeña empresas cierran durante el primer año y alrededor del 90% en un plazo no mayor a cinco años. A continuación se presentan algunas de las causas principales:

a)      Inexperiencia en administrar empresas y falta de conocimiento de la actividad a realizar, por lo que es necesario solicitar asesoría profesional y capacitarse en la actividad de la empresa, para que conozca las necesidades y problemas a que puede enfrentarse en ese tipo de negocio. Es importante la fase de planeación para fijar los objetivos conforme a la capacidad de la empresa y lo que debe conseguirse, conocer las fortalezas, debilidades, oportunidades y amenazas del entorno. Asimismo, es conveniente evaluar los cambios en las capacidades y potencialidades de los clientes, proveedores, competidores actuales, posibles nuevos competidores y proveedores de bienes y servicios sustitutos.

b)      Falta de capital. Se requiere tener suficientes recursos para no necesitar de préstamos, y desarrollar las operaciones básicas que el negocio requiere. Por lo que es indispensable contar con el importe de los gastos fijos mensuales, por ejemplo para la renta del local, sueldos, luz, agua, entre otros.

c)      Mala ubicación. Verificar que exista facilidad de estacionamiento para los clientes, las características del entorno, los competidores, niveles de seguridad del lugar y la cantidad de personas que pasan.

d)      Mal manejo de inventarios. Controlar los artículos que se tienen y su rotación, porque si no la empresa puede acumular insumos y productos finales que lleva a desperdicios y gasto innecesarios.

e)      Fallas en créditos y cobranzas. Al vender a crédito, seleccionar convenientemente los clientes, sus límites crediticios, los plazos de pago y gestionar correctamente las cobranzas. No hacerlo llevará a la empresa no tener liquidez y no hacer frente a sus gastos fijos ni compra de inventario.

f)     Falta de control interno. Aspecto fundamental para evitar fraudes internos y externos. Este es un punto tiene que ver con seguridad física, administrativa y fiscal.

g)     Mala selección de personal y falta de políticas. No elegir al personal apropiado para el desarrollo de las actividades en la empresa puede acarrear pérdidas por defraudaciones, pérdidas de clientes por mala atención, generar problemas internos con el resto del personal o directivos por motivos disciplinarios. No tener políticas para seleccionar, dirigir y capacitar al personal, ocasiona la disminución de productividad y deslealtad de los empleados; determinar salarios, premios, ascensos y necesidades de capacitación disminuirá la rotación de personal, elevará los niveles de productividad y se reflejará en la satisfacción del cliente y las utilidades de la empresa.

h)     Centralización en la toma de decisiones. El propietario se convierte en un problema por falta de delegación y el tiempo que tarda en adoptar decisiones, lo que desmotiva al personal y entorpece las operaciones y actividades de la empresa.

i)     Sacar del negocio mucho dinero para gastos personales. Muy común, gastar a cuenta o utilizar los ingresos generados. La falta de ahorro lleva la empresa a su destrucción.

j)     No conocerse a sí mismo. Es fundamental que el empresario reconozca sus limitaciones, capacidades, y sus comportamientos habituales ante determinadas circunstancias. Reconocerlo a tiempo permitirá no sólo evitar errores a la hora de tomar decisiones, sino además actuar de manera tal que pueda sobrellevar los momentos difíciles que todo negocio tiene.

Por lo tanto, para que una empresa pueda sobrevivir y crecer, es necesario dar seguimiento a los puntos anteriores y adoptar las medidas correctivas que se requieran en el momento preciso.

**Aplicación del modelo AIDA para incrementar efectivamente las ventas en las empresas.**

Todo comerciante tiene que utilizar técnicas de venta para dar a conocer el producto o servicio que ofrece, sin importar el método de venta que se esté aplicando. Un método de venta muy eficaz es el denominado AIDA, llamado así por sus siglas que se refieren a: Atención, Interés, Deseo y Acción.

A continuación se presentan algunas técnicas de venta basadas en el enfoque del modelo AIDA:

*a)* <u>Atraer</u> la atención del cliente

La mayoría de las personas tienen muchas cuestiones que resolver diariamente, por lo que no piensan en comprar algo, así que lo primordial en la gestión de ventas es atraer la atención del comprador hacia lo que se ofrece, lo que implica romper la indiferencia. Para ello, existen algunas técnicas básicas, por ejemplo: Hacer cumplidos y elogios acerca de su empresa, oficina, trayectoria académica, habilidades, o interés en un tema particular. Dar las gracias por el tiempo que invierten, por aceptar, visitar o brindar atención a la empresa o producto; despertar la curiosidad; presentar hechos reales y con honestidad acerca de los beneficios que el producto o servicio ofrece y como se relaciona con lo que el cliente necesita.

*b)* Crear y retener el <u>interés</u> del cliente

Una vez que se ha capturado la atención del posible comprador, se requiere crear interés hacia lo que se ofrece para retenerlo el tiempo suficiente para terminar la presentación. Para ello, se sugiere ayudar al cliente a identificar y reconocer que tiene una necesidad, deseo o problema, a través de guiarlo con preguntas respecto a lo que le gusta o disgusta del producto o servicio que se ofrece, así como plantear una necesidad o problema en tercera persona, haciendo referencia del porcentaje de la población o empresas que tienen el mismo problema en común.

## c) Despertar el deseo por adquirir lo que se ofrece.

Se refiere a ayudar al cliente a entender que con el producto o servicio que se le presenta, logrará la satisfacción de sus necesidades o encontrará la mejor solución a sus problemas. Por lo que se debe explicar detalladamente lo que hace el producto o servicio, cómo funciona y servicios adicionales incluye tales como garantías, plazos de entrega, mantenimiento, entre otros; así como mencionar las ventajas importantes que tiene el producto respecto a otro similar de la competencia (sin mencionar el nombre), y hacer uso de los beneficios más fuertes que el producto ofrece.

## d) Llevar al cliente hacia la acción y cierre de la venta.

En este punto el cliente está evaluando los beneficios del producto y está comparando las ventajas y desventajas de adquirirlo o no. Por otra parte, el vendedor está considerando el momento para ayudar al cliente a decidirse y persuadirlo que lo haga de inmediato. Aquí es aconsejable evitar presionarlo porque si insiste demasiado irritará al cliente; por lo que es mejor establecer razones para comprar basado en los beneficios y ventajas que le proporcionará.

Por último, es conveniente puntualizar que el uso correcto de los pasos de este método contribuirá a que se incrementen las ventas a través del incremento del deseo y la intención de compra generada.

# ¿Cómo fijar el precio adecuado de artículos o servicios?, algunos métodos para establecerlos.

El precio es el valor monetario que se asigna a bienes o servicios al momento de venderlos. Al establecer el precio, siempre se debe pensar en los consumidores y en cuánto creemos que estarían dispuestos a pagar por nuestros productos comparados con la competencia, considerando las características de nuestro producto o servicio, sus beneficios, exclusividad, la identificación de la marca, el lugar de la venta, entre otros aspectos. Al tener precios bajos, hay mayor posibilidad de aumentar el número de clientes y frecuencia de compra, pero con la desventaja de que se tendrá un bajo margen de ganancia y se necesitará una reducción de costos para poder subsistir, ya que ésta opción es fácil de neutralizar por la competencia y difícil de mantener por un tiempo prolongado.

Algunos métodos para fijar precios son los siguientes:

a) Fijación de precios en función del costo.

El método más fácil para fijar precios es agregar una cantidad estándar al costo del producto. Por ejemplo, un artículo se compra en $200.00 y se vende en $300.00 es decir, con un incremento del 50 por ciento. El margen bruto es de $100.00, y si los costos de operación son de $80.00 por artículo vendido, el margen de ganancia será de $20.00

b) Método del costo más margen

Consiste en añadir un margen de beneficio al costo total unitario del producto. El costo total unitario se calcula sumando al costo variable los costos fijos totales divididos por el número de unidades producidas, este método simplifica la determinación del precio y facilita el cálculo de cualquier rebaja o ajuste.

c) Método del precio según la demanda

Tiene un fundamento subjetivo, el valor percibido de un producto por el consumidor marca el límite máximo del precio. Cuando se incrementa, la demanda disminuye y el mercado podría no adquirir el volumen mínimo necesario para llegar al punto de equilibrio con el precio más alto. Por ejemplo, una empresa calcula que con sus costos fijos y variables actuales, el precio debe ser de $300.00 para llegar a las utilidades deseadas; pero la investigación de mercado muestra que pocos consumidores pagaran más de $250.00. Entonces la compañía tendrá que recortar sus costos para bajar el punto de equilibrio, de modo que se fije el precio que los consumidores esperan. Estos métodos tratan de adaptar los precios a la demanda existente; los más comunes son:

1) *Discriminación de precios.* Es vender un mismo producto a distintos precios, dependiendo del lugar, época del año de que se trate, entre otros.

2) *Experimentación.* Probar durante un período de tiempo varios precios para un mismo producto y determinar cómo afectan la demanda, con el fin de fijar el más conveniente para los objetivos de la empresa.

3) *Intuición.* Es fijar los precios basado en la presunción de los efectos que vayan a tener sobre la demanda.


d) Fijación de precios basados en la competencia

Consiste en fijar un precio que guarde una determinada relación con los precios de los competidores. Estos precios en función de nuestra posición en el mercado se fijarán por encima, igual o por debajo de la competencia.

**Control del presupuesto, una herramienta indispensable para la administración del ingreso familiar.**

Al igual que una empresa, una familia puede administrar sus ingresos y gastos a través de un presupuesto. A continuación se presentan los elementos básicos para realizar un presupuesto que permita verificar que no se gaste más de lo que se puede tener como ingresos reales.

1) Presupuesto de ingresos

Relacione todos los ingresos que obtiene mensualmente, tales como: salarios, intereses, ingresos por renta u otro concepto que obtenga.

2) Presupuesto de Gastos

Relacione todos los gastos que realice mensualmente, tales como: pagos de colegiatura, luz, agua, renta, comidas fuera del hogar, teléfono, pago de tarjeta, supermercado, cine, transporte, combustible, ropa, internet, regalos, cigarrillos, etc. Es posible que el primer mes olvide anotar algún gasto, por lo que es aconsejable hacer un seguimiento de los mismos durante un par de meses para ajustar su plan de gastos mensual.

3) Compare el presupuesto de ingresos con el de gastos y observe la relación que guardan.

Ingresos mensuales - Gastos Mensuales = Saldo final (+ ó -)

Después de comparar los ingresos con los gastos, existen tres posibilidades:

A. Los ingresos concuerdan con los gastos. En este caso no existe mucho problema, sólo trate de apegarse a su presupuesto y en caso de que desee realizar algún ahorro, disminuya algún concepto de gasto en cuanto sea posible.

B. Los ingresos exceden a los gastos. Sería la situación ideal. Sin embargo, también es importante realizar un plan de ahorro para no dilapidar el ingreso sobrante y tener una cantidad para tiempos difíciles.

C. Los ingresos no alcanzan para cubrir los gastos. Es importante seguir un plan de ahorro que permita disminuir los gastos y evite endeudarse para cubrir los gastos.

Algunos consejos que permiten disminuir el gasto familiar:

- Recortar gastos superfluos: Cambiar de compañía de teléfono celular, internet, refinanciar los pagos de auto, usar tarjetas prepago, cancelar membrecías de clubes.
- Vigilar tarjetas de crédito: Consolidar cuentas, conseguir interés reducido, pagar más del mínimo.
- Reducir el gasto en alimentos: Tener muy claro antes de salir de casa lo que se va a comprar para que sea lo necesario y no tirar lo que sobra, verificar los productos más baratos.
- Evitar comer fuera: Llevar almuerzo al trabajo, llevar café de casa.
- Aprovechar al máximo la ropa: Intentar aprovechar al máximo las prendas y si hay niños pequeños, reasignar las prendas de los más grandes a los más pequeños. Reparar calzado, bolsas de mano y mochilas, en lugar de comprar nuevos.
- Encontrar diversiones más baratas: Ir al cine en las mañanas, alquilar películas para ver en casa o prestarla en la biblioteca.

Recuerde que en los tiempos actuales no existe una garantía de tener un empleo bien remunerado, por lo que se debe empezar a pensar en cómo reducir los gastos familiares y determinar si estos son necesarios para llegar a final de mes sin presiones económicas, lograr algún ahorro y de este modo tener un mejor futuro.

**Cuestionario de calidad para la micro y pequeña empresa**.

Calidad es hacer las cosas bien y a la primera, en nuestro entorno es muy común pensar que la calidad es sobre todo para las empresas medianas y grandes. Sin embargo, la calidad debe aplicarse para todas las empresas, ya que de lo contrario estará destinada a desaparecer por no poder competir con otras que tengan mayores estándares de cumplimiento y organización.

A continuación se presenta un mini cuestionario que puede aplicar en su empresa para conocer la situación actual de la misma.

Se presentan cinco oraciones de las que debe seleccionar la que más encaje con su entorno. Se califica de 0 a 4, donde: (0) Prácticamente no se realiza, (1) se realiza parcialmente (en ocasiones), ( 2) se realiza generalmente (en la mayoría de los casos), (3) se realiza sistemáticamente y en casi todas las áreas, (4) se realiza siempre y de forma total, y somos ejemplo para el sector.

Para obtener su puntuación total cuente los resultados y multiplíquelas por los puntos que indican, súmelos y obtenga el total de puntos. Ejemplo: Si en la pregunta 1 y 2 – calificó 2, sumará 2 preguntas y las multiplicará por el valor 2 y su resultado será 4.

Cuestionario:

1. La empresa se gestiona de acuerdo con la Calidad Total, y son ejemplo para otras empresas del sector

2. Reconoce los logros y el compromiso de las personas y equipos que se esfuerzan en la mejora.

3. El personal conoce los planes y objetivos de la empresa, y de mutuo acuerdo con la dirección los transforman en objetivos propios y se les facilitan los medios para que puedan cumplirlos.

4. Se realizan planes para el personal (admisión, formación, desarrollo, etc.) evaluando el rendimiento y las necesidades de desarrollo de todas las personas.

5. Existe una comunicación eficaz ascendente, descendente y entre todo el personal, participando éste de una manera real en las actividades de mejora.

6. Se dispone de una financiación eficiente controlando los parámetros financieros clave y utilizando los recursos financieros para apoyar los planes de la organización.

7. Se gestiona de forma sistemática la selección y evaluación de proveedores.

8. Están los procesos orientados a los clientes obteniendo información de éstos y se mide su grado de satisfacción.

9. Disponen de un sistema para medir la satisfacción de los clientes mediante encuestas o similar donde se incluyan aspectos como calidad, entregas, flexibilidad, comunicación, etc.

10. Utilizan también otros indicadores para medir la satisfacción de los clientes tales como imagen de la empresa, nivel de reclamaciones, lealtad de los clientes, etc.

11. Se mide de forma sistemática la satisfacción del personal teniendo en cuenta sus necesidades y expectativas tales como ambiente de trabajo, posibilidad de promoción, comunicación , formación ,reconocimiento, etc.

12. También se utilizan para medir la satisfacción del personal índice de ausentismo, rotación , etc.

13. Son en general positivos los resultados y tendencias del resto de indicadores que se emplean en la empresa.

Resultados:

**a)Menos de 20 puntos obtenidos:** Están lejos de la Calidad Total y tienen un camino largo para acercarse a ella. Se sugiere que comiencen por implantar su sistema administrativo de control.

**b) Entre 20 y 30 puntos obtenidos:** Tienen avanzado su camino hacia la Calidad Total. Se sugiere actuar sobre los temas con más baja puntuación y establecer un plan de acción con prioridades.

**c)Entre 31 y 45 puntos obtenidos:** Su tendencia hacia la Calidad Total es muy positiva. Se sugiere analizar sus puntos sobresalientes y aplicar medidas similares a los temas con más baja puntuación.

**d)Más de  46 puntos obtenidos:**

Su empresa se gestiona de acuerdo con la Calidad Total, y son ejemplo para otras empresas del sector.

## Determinación de las políticas de crédito en una empresa

Actualmente resulta de gran importancia tener un buen manejo de las cuentas por cobrar en una empresa, sobre todo cuando su producto no es fácilmente adquirible en una sola exhibición por la mayoría de las personas, sino que debido al precio requiere de ser liquidado en plazos, o a la competencia que las obliga a otorgar crédito.

Ante esta situación, si no se establece una política de crédito con probabilidad las ventas serán menores a las esperadas, por lo que resulta indispensable considerar los siguientes aspectos para tener una cartera de cuentas por cobrar sana:

a) Criterios mínimos para conceder crédito a un cliente:

Evaluaciones de crédito: Consiste en darnos cuenta de la situación real de nuestro cliente, tanto económicamente como financieramente, así como sus responsabilidades de pago.

Para evaluar las solicitudes de crédito se debe:

1) Utilizar las fuentes de información: Estados financieros, calificaciones e informes de crédito, investigación bancaria, referencias comerciales, experiencia de la propia compañía.

2) Analizar el crédito. Con la información recopilada se determina la solvencia del cliente, se consideran la liquidez del solicitante y su capacidad para pagar a tiempo.

3) Tomar la decisión y la línea de crédito. La línea de crédito es el límite máximo permitido por la compañía.

b) Es importante también tomar en cuenta que los estándares de crédito flexible incrementan los gastos de oficina, los costos de manejo de la cartera, así como la probabilidad o riesgo de adquirir una cuenta de difícil cobro, aunque también incrementa el volumen de ventas en la empresa.

Establecer estándares de crédito flexibles requiere de analizar la diferencia entre lo que cuesta mantener las cuentas por cobrar y lo que obtiene de utilidad adicional por ventas a crédito, es decir si han aumentado realmente las ventas.

c) Procedimientos y políticas de cobro.

Por lo general se utilizan envíos de cartas, llamadas telefónicas, visitas personales, demandas judiciales.

Los factores que determinan un buen manejo de la política de cobranza, son: la calidad de la cuenta aceptada, la duración del período de crédito, el porcentaje de descuento por pronto pago, nivel de gastos de cobranza.

Como se observa con los puntos anteriores, una política de cobro ajustada a las características de la empresa generará una mejora en las ventas y asegurará un mejor índice de recuperación de la cartera.

**Diagnóstico de Necesidades de Capacitación en las Organizaciones.**

La capacitación es un proceso constante en una organización sin importar la actividad que realiza o su tamaño. Además de la capacitación inicial a un puesto de trabajo, es importante analizar las situaciones que requieren identificar las necesidades de capacitación de los empleados por áreas de trabajo para cumplir su misión, para el desempeño de sus funciones o ejecución de proyectos.

Como medios para diagnosticar necesidades de capacitación, entre otros, se utilizan los siguientes: Observaciones, solicitudes de gerencia, entrevistas, encuestas, análisis de brechas entre el perfil real y el ideal, resultados de evaluación de desempeño, actualización de descripciones de cargo, procesos de mejora.

Además de hacer el diagnóstico, en ocasiones se pueden detectar algunos indicadores en la empresa que señalan posibles necesidades de capacitación, tales como son los siguientes:

a) Antes de que sucedan (cuando la empresa decide realizar algunos cambios, debe también pensar en la repercusión en el capital humano):

- Ingreso de nuevos empleados

- Reducción de número de empleados

- Cambios de procesos y métodos de trabajo

- Faltas, licencias o vacaciones del personal

- Cambios en los programas de trabajo y producción

- Modernización de equipos, maquinaria , aplicaciones, sistemas de información

b) A posteriori (Cuando en la operación de la empresa se presentan los siguientes):

1. Problemas de producción:

   - Averías en equipos e instalaciones

   - Comunicaciones defectuosas

   - Costos excesivos en mantenimiento de equipos y maquinarias

   - Exceso de errores y desperdicios

2. Problemas de personal

   - Relaciones deficientes entre el personal

   - Número excesivo de quejas

   - Poco o ningún interés por el trabajo

   - Faltas y substituciones frecuentes

   - Errores en la ejecución de ordenes

   - Climas organizacionales deficientes

Por lo tanto, es importante que las organizaciones estén pendientes de las necesidades de capacitación de los trabajadores, puesto que representa una oportunidad para incrementar los ingresos al tener personal que está cumpliendo eficientemente con los objetivos de la empresa, o puede ser causa de problemas financieros al existir desperdicios, insatisfacción de clientes, entre otros, debido a que no se les ha realizado un diagnóstico adecuado acerca de lo que sabe realmente.

**Enfrentando el futuro a través de la planeación estratégica personal.**

Alvin Toffler asegura que la mejor manera de predecir el futuro es inventarlo, mientras que Peter Drucker dice que la administración estratégica es "...hacer bien lo que se debe hacer, pues no hay nada más frustrante para el ser humano que hacer bien lo que no sirve para nada".

Las anteriores afirmaciones de Gurúes de la Administración Estratégica de negocios pueden aplicarse también de manera personal, por lo que a continuación se presentan las siguientes reflexiones:

a) Se refieren a que el futuro se debe planear, es decir realizar escenarios acerca de cómo las diferentes decisiones que se tomen o situaciones que se enfrenten pueden afectarnos. Existen amenazas internas, tales como gasto excesivo ya sea generado por compras impulsivas o por necesidades reales y amenazas externas, por ejemplo la reducción de gastos deducibles por parte del Fisco, lo que generará mayores impuestos, o la inflación que se puede generar y afectará el poder adquisitivo al tener el mismo salario y aumento de precios.

b) No hacer nada reduce nuestro margen de maniobra, o sea de reaccionar ante los eventos que pueden suceder ya sea conocidos o no.

c) Entonces, es necesario planear, realizar un análisis acerca de lo que tengo, lo que debo, los ingresos normales y extraordinarios (como el aguinaldo), y tomar las decisiones que sean más convenientes, pregúntese que le conviene más ¿pagar sus deudas, si las tiene?, ¿endeudarse más?, ¿comprar ahora es mejor que aplazar la compra?, ¿existen condiciones para que pueda liquidar los plazos pactados?, ¿ahorrar le beneficiará en el futuro?

d) Tener una vida sana económicamente es sinónimo de tener una mejor calidad de vida; los terapeutas, psicólogos y expertos en la materia aseguran que en tiempo de crisis, lo más aconsejable es volver a lo básico, o sea si lo comparamos con una empresa es hacer más con menos, disminuir gastos superfluos, mantener hasta donde sea posible la vida útil de los activos.

e) Hacer las cosas bien significa disminuir costos, ahorrar energías y enfocarse en lo que nos da utilidad, que no siempre se refiere al aspecto material, sino que se puede obtener la misma satisfacción sin que resulte oneroso, por ejemplo: Si le gusta leer pero ha decidido que es uno de los conceptos de deducciones que reducirá para tratar de ahorrar, entonces puede consultar otras opciones, no necesariamente se debe renunciar al placer que proporciona un buen libro. Por ejemplo, puede acudir a las ferias de libros donde se encuentran ejemplares muy económicos y en ocasiones se utilizan los trueques o intercambio, por lo que no se gastará ni un peso; otra forma es establecer un club de lectura con amigos y conocidos que compartan la misma afición, asistir a una biblioteca y pedir en préstamo un libro o simplemente descargar un libro por internet, existen miles de sitios que proporcionan este servicio de forma gratuita.

Es importante recordar que los planes son el resultado del proceso de planeación y pueden definirse como diseños o esquemas detallados de lo que habrá de hacerse en el futuro, y las especificaciones necesarias para realizarlos; se debe planear para alcanzar los objetivos que se planteen. Toda persona al igual que una organización debe plantearse objetivos, para no perder tiempo, para saber claramente a dónde quiere llegar, que quiere hacer y evitar como dice Drucker la frustración y el cansancio al darse cuenta de que se ha invertido tiempo y esfuerzo en hacer algo bien sin que sepamos exactamente por qué y para qué lo hicimos.

**El control interno en las Micro y Pequeñas Empresas.**

En las grandes y medianas empresas se tienen implementados diversos métodos y procedimientos para revisar continuamente el control interno y de este modo salvaguardar sus activos, verificar la exactitud de las finanzas y eficientar sus operaciones. En la Micro y Pequeña empresa por lo general sólo se realizan inventarios físicos de mercancías, si el personal maneja efectivo se solicitan fianzas o se contrata servicio de transporte de efectivo a una empresa especializada, entre otras pocas medidas de control interno que se llevan a cabo.

Sin embargo, el control interno va más allá, ya que si se realiza de forma adecuada garantizará la protección del patrimonio de la empresa, a través de establecer medidas que protejan sus activos, finanzas y aseguren el cumplimiento de normas fiscales y laborales, otorgando la libertad a los directivos de dedicarse a planear y tomar decisiones que contribuyan a su consolidación en el mercado.

Los siguientes aspectos se consideran pruebas de control interno básicos para cualquier empresa:

a) Controles físicos sobre activos. Verificar si el mobiliario y equipo está inventariado y tiene un número de control, si existen cartas de responsabilidad firmada por empleados que tengan asignado vehículos y equipo de cómputo, cotejar si se cuentan con archivos de facturas de los activos y si están asegurados.

b) Mercancías, verificar si están resguardadas físicamente, si existe un almacenista responsable, se coteja y firma de autorizado las órdenes de salida y entrada.

c) Verificar si existen sistemas de planeación y reportes de información que establezcan los objetivos de la administración, tales como: manuales de organización, de procedimiento, presupuestos, pronósticos, informes financieros, conciliaciones bancarias, arqueo de caja, revisión documental de cobranza, seguimiento a la antigüedad de saldo de las cuentas por cobrar y por pagar.

d) Verificación del cumplimiento de obligaciones fiscales, revisión del archivo de pagos provisionales presentados, cálculo de impuestos, declaraciones anuales, cumplimiento de obligaciones laborales y en caso de multas o requerimientos de información, el seguimiento a las mismas.

e) Verificación de las políticas y prácticas de personal. Incluyen los procedimientos y políticas para contratar, capacitar, evaluar, promover y compensar a los empleados, así como proporcionarles los recursos necesarios para que puedan cumplir con las responsabilidades asignadas.

Si en el análisis que se realice a la empresa se encuentran deficiencias en los controles, deben corregirse para prevenir futuros quebrantos al patrimonio, ya sea por robo, desvío de recursos, lentitud en la cobranza, pérdidas por falta de seguros a activos fijos en caso de accidentes, multas por incumplimiento a leyes contables, fiscales y laborales, contratación de personas que no tienen el perfil idóneo, entre otras situaciones que puedan afectar económicamente a la empresa.

**El distintivo MEG, sinónimo de responsabilidad social y fomento a la equidad de género en las empresas.**

El Programa de Certificación en equidad de género surge del acuerdo entre el Gobierno de México y el Banco Mundial en el año 2002. En 2003 se genera el Modelo de Equidad de Género (MEG) que certifica a organismos públicos y privados con el fin de demostrar su compromiso con la igualdad de oportunidades para mujeres y hombres dentro del mercado laboral. Desafortunadamente pocas empresas se han adherido a este programa, según cifras del Instituto Nacional de las Mujeres (INMUJERES) en febrero de 2013 solo 1615 empresas habían obtenido la certificación, entre ellas 26 son del Estado de Chiapas.

a) *Beneficios de obtener el distintivo MEG*

- Además de contribuir a fortalecer la credibilidad e imagen de la empresa, la cual puede ser aprovechada en el área de mercadotecnia, tiene beneficios reales hacía la comunidad. Especialmente en el Estado de Chiapas que durante 2013 ha tenido un incremento en la violencia de género y con el MEG se puede contribuir al combate de la misma desde la empresa, es decir del área laboral para llegar al área familiar y social de los empleados, a través de formalizar la política de equidad de género, sensibilizar al personal en la materia, establecer acciones y mecanismos para atender necesidades específicas de mujeres y hombres y de este modo favorecer condiciones equitativas para el desarrollo laboral y personal.

- Se promueve un clima de respeto y establecen mecanismos de comunicación, integran sistemas de gestión de calidad incluyendo políticas de diversidad y brindan mayor seguridad y protección al personal.

b) *Características del Programa de Certificación MEG*

Es voluntario, se otorga a organizaciones cuyas políticas y prácticas laborales cumplan con los criterios del MEG, es auditado por una entidad certificadora. El distintivo se obtiene cuando se ha verificado el cumplimiento de los requisitos del modelo. Su vigencia es de dos años con posibilidad de renovarse, siempre que se cumpla con la visita de seguimiento anual obligatoria realizada por el INMUJERES. Si la organización requiere de asesorías el costo es por cuenta de la empresa al igual que la auditoria.

c) *Proceso de obtención del MEG*

- Para iniciar el trámite se requiere que a través de una carta la organización solicite el apoyo del INMUJERES y acepta el compromiso de seguir el proceso de Certificación del MEG. Posteriormente se llena la cédula de registro y el formato de aprobación para participar en el proceso de certificación.

- Las etapas del proceso de implementación son: Capacitación sobre criterios y requisitos del MEG. Diagnóstico de la situación actual de la organización y definición de política y objetivos para el sistema. Programación de tareas para desarrollar el sistema de equidad de género. Implementación de todos los requisitos del MEG y ejecución de acciones en favor del personal a través de asesorías y evaluación del funcionamiento del sistema. Una vez que se implementa el MEG, el INMUJERES examina, mediante una auditoría, el grado de cumplimiento de las acciones y si es positiva le otorga el distintivo MEG que tiene una vigencia de dos años.

Como se observa, es un proceso a mediano plazo pero que puede contribuir mucho a la sociedad y al clima laboral dentro de la empresa, generando una mejora sustancial en las relaciones laborales y elevando el grado de satisfacción del personal que se podrá reflejar en la productividad. Asimismo, es importante recordar que el MEG puede aplicarse en cualquier empresa ya sea pública o privada.

# El servicio a clientes en establecimientos de alojamiento.

Los establecimientos de alojamiento son todos aquellos que prestan al público servicios de hospedaje en forma temporal y pueden ser clasificados según su tamaño, distintivos, capacidad, entre otros.

Sin embargo, lo más importante para el cliente es el servicio y atención que se le presta cuando acude a uno de estos establecimientos. A continuación se presentan algunos aspectos a tomar en cuenta para incrementar la satisfacción del usuario.

1. *Concentrarse en el cliente.*

- Escuchar atentamente al cliente

- Mantener la calma ante cualquier situación que se presente.

- Mirar al cliente a la cara y estar atento a los gestos.

- Contestar las preguntas clara, precisa y oportunamente.

- Usar un tono de voz adecuado a la situación.

- Demostrar al cliente que en ese momento él es el más importante.

- Estar pendiente de la comunicación no verbal del cliente (gestos, mirada, movimiento del cuerpo, manos).


2. *Precisar la necesidad del cliente.*

- Formular preguntas tales como: cuándo, dónde, quién, cómo, para que.

- Resumir lo que el cliente dice a fin de verificar su contenido.

- Verificar con el si esa es la necesidad verdadera

3. *Estimular al cliente.*

- Dirigirse al cliente por su nombre

- Escucharlo evitando las interrupciones

- Tratar al cliente como un adulto.

4. *Acciones centradas en el servicio.*

- Dar explicaciones: Explicar las normas del establecimiento y los fundamentos

- Remitir al cliente: Indicar la persona o el departamento que ayudará al cliente en la situación.

5. *Suministrar un servicio eficiente.*

- Atender con rapidez.

- Formular preguntas precisas.

- Analizar las respuestas del cliente o huésped.

- Proporcionar el servicio.

- Asegurar que el cliente quedó satisfecho.

- Formular alternativas para satisfacer los requerimientos.

Es importante considerar que siempre se debe tomar en cuenta la siguiente técnica de trabajo: saludar y ofrecer la ayuda, escuchar atentamente los planteamientos, obtener información adicional, presentar diferentes opciones, establecer acuerdos y ejecutar acciones, por último despedirse y expresar expectativas.

Si se ponen en práctica las anteriores sugerencias seguramente se mejorará la eficiencia en el servicio y por lo tanto elevará la calidad y satisfacción de los clientes.

**Emprender un negocio, una opción que puede ser rentable.**

Volverse un emprendedor y comenzar un negocio propio puede ser una opción para muchos graduados, ya sea porque han identificado un nicho de mercado o porque quieren ser sus propios jefes. Pero ¿Cómo realizarlo por sí sólo?, aquí algunos consejos que pueden ayudarlo.

a) Decídase a empezar. Identifique sus prioridades y decídase a iniciar su negocio.

Conteste las siguientes preguntas:

¿Se compromete con las decisiones que toma?,

¿Está dispuesto a trabajar siete días a la semana y hasta tarde por las noches?,

¿Ve al negocio como un pasatiempo o un empleo?,

¿Cuál es su recompensa y cuanto arriesga?,

¿Qué lugar le gustaría ocupar respecto a la competencia?,

¿Qué tan grande es el mercado en el área en que pretende incursionar?,

¿Quiénes son los competidores?,

¿Cuál es su modelo financiero?

b) Construya una marca. Diseñe y registre su marca para proteger sus productos o servicios.

c) Determine la ubicación geográfica de su establecimiento. Considere su mercado, estacionamiento, seguridad, acceso, entre otros.

d) Pruebe la venta por internet. Podrá tener un local pequeño, pocos empleados, poco almacenaje, por lo que mantendrá los costos a un nivel bajo.

e) Elabore un plan administrativo y financiero.

f) Examine los aspectos legales y fiscales.

g) Analice las obligaciones laborales.

Las habilidades que todo emprendedor debe poseer para tener éxito, son entre otros:

1) Una visión

2) Voluntad para adaptarse y ser flexible.

3) Determinación. Nunca aceptar un no como respuesta, siempre hay una opción.

4) Habilidades de comunicación.

5) Conocimiento y comprensión de los flujos de efectivo, es decir manejar las entradas y salidas de dinero en forma eficiente.

6) Mucha energía.

7) Tomar riesgos.

8) Ser paciente, los negocios no tienen éxito de la noche a la mañana.

9) Habilidad para identificar sus propias debilidades personales. Ser consciente de las fuerzas y debilidades para afrontarlas y mejorarlas.

Es importante que considere los aspectos necesarios a fin de determinar si posee lo necesario para emprender un negocio propio, ya que si se decide obtendrá beneficios personales, tales como manejo de su tiempo, horarios flexibles, no jefes, entre otros.

## ¿Estratega o Gerente?, características que lo distinguen

Ya en 1990, K. Ohmae en su obra "La mente del Estratega" establece diversas características que distinguen a un Estratega, desde luego, esta teoría se ha ampliado derivado del uso de la tecnología y las exigencias de los tiempos actuales.

El Gerente administra, tiene un desempeño competitivo, aplica conocimientos técnico- científicos, trabaja en equipo, se comunica eficazmente, entre otros aspectos, sin embargo,   algunos aspectos importantes que posee un estratega y lo distinguen de un Gerente, son

a) Para garantizar un desempeño profesional competitivo, el estratega  aplica efectivamente  conocimientos  técnicos-científicos  y  herramientas instrumentales  modernas,  habla  otros  idiomas,  posee  habilidades  y destrezas, y además  debe reunir una serie de competencias adicionales que le permita desempeñarse eficientemente en las organizaciones.

b) Posee carisma y liderazgo

c) No está conforme, espera más, está seguro de sí, es crítico consigo mismo y los demás. Conoce sus fortalezas y sus debilidades y aprovecha estos aspectos para construir y aprovechar las oportunidades que se le presentan.

d) Cuestiona, busca y sugiere cambios,  lo que lo diferencia de los demás ya que la  gran mayoría de las personas, en cambio, tienden a esperar que las cosas pasen.

e) Es adaptable, versátil y preparado para el aprendizaje continuo.

f) Es discreto, compartimenta la información relevante y la comunica en el momento y nivel justo. De este modo, nadie puede ser capaz de conocer su estrategia, sólo las tácticas y no podrán ser copiadas.

g) Posee amplia cultura

h) Tiene capacidad para trabajar en equipos de diferentes disciplinas.

i) Practica la comunicación empática, dice directamente las cosas, procurando mejorar el ambiente de trabajo.

Asimismo, un estratega está alerta a las oportunidades que se presentan pero siempre con un objetivo claro, posee un sentido de dirección que le permite avanzar y lograr sus metas a largo plazo.

Ya que siempre tiene planes para el futuro; visualiza opciones y evalúa escenarios, sopesa los costos y beneficios de cada una, "¿qué pasaría sí...?", "¿cuál sería el mejor curso de acción...?". Por lo que puede encadenar una acción a otra buscando provocar el efecto que desea.

Esta capacidad de visualizar le permite tener capacidad de respuesta ante situaciones imprevistas.

Por último, es importante recordar que en las empresas el impacto competitivo de las estrategias y su éxito, se debe a que los planes tienen el elemento creativo, determinación y voluntad del estratega que los concibió.

# Evaluación de la Gestión Empresarial

La evaluación de la gestión empresarial es una evaluación objetiva, concreta e integral de las actividades que se llevan a cabo en un área o una empresa para cumplir sus fines y objetivos, entre otros aspectos: evaluar la efectividad de las políticas internas, normas en concordancia con su misión, objetivos y planes estratégicos, logro de los objetivos, estructura organizativa, participación individual de cada empleado, verificación del cumplimiento de la normatividad general y específica, evaluación de la eficiencia y economía, medición del grado de confiabilidad de la información financiera y atención a la existencia de procedimientos ineficaces o más costosos.

Este tipo de evaluación tiene un enfoque integral y se considera como una auditoría de economía y eficiencia. La gestión comprende las actividades de una empresa que implican establecimiento de metas y objetivos, así como la evaluación de su desempeño y cumplimiento de una estrategia operativa que garantice la supervivencia y crecimiento de la misma.

a) Etapas para la Evaluación de la Gestión Empresarial

Las actividades principales son: la recopilación de datos, los cálculos de resultados, el análisis de información, la elaboración de conclusiones y recomendaciones.

- Recopilación de datos: información básica de la evolución económica, patrimonial y global de la empresa. Esta información se obtiene de los registros de inventarios de almacén, bienes, realización de actividades.

- Calculo de los resultados: los resultados centrales del análisis serán el ingreso neto, la variación patrimonial y la rentabilidad.

- Análisis de información: El análisis patrimonial se concentra en observar como esta la empresa en cuanto a su patrimonio, su solvencia y liquidez para hacer frente a deudas al finalizar el ciclo de gestión, y comparándolo con situaciones anteriores.

- Análisis económico global, que consiste en identificar el valor de lo producido e insumido durante el ciclo de gestión y la eficiencia de este resultado respecto a los capitales invertidos, es decir que tan bien se ha desempeñado la gerencia y si las decisiones que ha tomado han contribuido a incrementar las utilidades, disminuir desperdicios, perdidas o incrementar la productividad.

- Elaboración de conclusiones y recomendaciones: Es importante realizar conclusiones para identificar aspectos positivos y negativos de la gestión y en su caso realizar las recomendaciones necesarias.

Este tipo de evaluación es importante en las empresas, sin importar su tamaño o giro, ya que se obtendrá información que servirá para recapitular, obtener conclusiones y modificar en su caso las decisiones que se han tomado respecto a la gestión de la empresa.

## Función de la comunicación organizacional

Comunicación es el conjunto de actos realizados por una persona mediante el manejo de signos, con el fin de hacer surgir en otra una idea o conjunto de ideas que influyan en la modificación o refuerzo de su conducta. Por otra parte, comunicación en la organización son los mensajes que se intercambian en el ámbito de una empresa, entre esta y su ambiente.

a) Tipos de comunicación:

- Formal a través de un documento escrito o informal a través de un mensaje, correo, chat, teléfono, etc.

- Ascendente, de subordinado a jefe inmediato o descendente (de manera inversa). Horizontal, entre empleados del mismo escalafón o departamentos.

- Interna, sólo para empleados o externa cuando se dirige a terceros.

- Rumor, comercial, de imagen, publicidad, interpersonal.

b) Medios de comunicación:

- Revista, circulares, tableros de avisos, boletines.

- Fiestas, juntas, discursos, ceremonias, valores, reconocimientos.

- Grilla, chismes, entre otros.

La función de comunicación organizacional busca desarrollar e implementar estrategias de comunicación que respalden a la organización en el logro de sus objetivos, ofreciendo recursos efectivos de coordinación, apoyando los procesos de cambio, reforzando la integración del personal, y colaborando en el mantenimiento de una óptima reputación e imagen de la organización, sus integrantes, sus prácticas y sus productos. Es importante recordar que la comunicación es un recurso estratégico para cualquier organización, puesto que:

Sin comunicación no es factible la existencia de la organización; Mejor comunicación implica mejores posibilidades de alcance de los objetivos de la organización.

Se reconocen tres áreas distintas de comunicación:

- Institucional: Consiste en establecer, fortalecer y preservar la imagen y posicionamiento de la institución. Algunas actividades típicas: Relaciones con los medios, establecer la identidad institucional (logotipos, identidad gráfica), realizar alianzas con organizaciones afines, atender asuntos gubernamentales, llevar a cabo programas de responsabilidad social.

- Mercadotécnica: Busca promover una respuesta, actitud o comportamiento entre los públicos objetivos. Sus actividades comprenden elaborar planes de mercadotecnia, lanzamiento de productos / servicios, difusión de beneficios de productos / servicios, establecer correo directo, diseño de campañas didácticas y alianzas estratégicas con medios de comunicación

- Comunicación Organizacional: Realiza actividades de carácter interno. Sus actividades son el desarrollo y fortalecimiento de la cultura organizacional, estudios y mejoramiento del clima organizacional, administración del cambio, sistematización de medios de comunicación interna, e integración de equipos de trabajo.

Así, es necesario que analice cómo está desarrollando el proceso de comunicación en su empresa, a fin de verificar si está contribuyendo a posicionar su producto o servicio y fomentando la resolución de problemas o por el contrario está creando conflictos por su uso inadecuado

**Identificar los factores clave de éxito para mejorar la competitividad de una empresa.**

Una empresa no sólo debe satisfacer las necesidades de sus clientes, sino que debe hacerlo mejor que su competencia. Para esto, requiere de identificar los factores clave de éxito, es decir las áreas esenciales para que la empresa consiga los resultados esperados.

En ocasiones no es sólo el producto o servicio que se ofrece es el factor clave del éxito, claro que es importante la calidad de lo que se ofrece, sin embargo el éxito de la empresa puede depender de aspectos tales como la distribución, la mercadotecnia o el personal que labora en la misma.

Por lo tanto, es necesario conocer quién es su cliente, que se necesita y que es lo que tiene, para esto se puede dividir a la empresa en tres aspectos:

a) Recursos financieros

b) Tecnología

c) Personal

En el aspecto de recursos financieros, se debe preguntar si se tiene lo suficiente para desarrollar las habilidades del personal y la tecnología, si es posible generarlos a mediano o largo plazo, si se podrá obtener los recursos externos que se requieren ya sea a través de préstamos, buscar nuevos socios, por ejemplo.

En la tecnología también conocida como know-how, se debe determinar si se dispone de la tecnología necesaria, si se podrá desarrollar o comprar licencias para obtenerla.

En relación al personal, es importante analizar si se tiene el personal necesario, si se puede capacitar, o si puede conseguir empleados con más habilidades.

Por otra parte, también se debe analizar a la competencia con el fin de compararnos y determinar que capacidades requieren de ser desarrollada por la empresa. Algunas preguntas que pueden plantearse al respecto son:

- ¿ Está mejor preparado su personal que el de nuestra empresa?

- ¿Tienen mejor tecnología?

- ¿Es más fuerte su capacidad financiera?

Lo recomendable en este análisis es efectuarlo por departamentos o áreas de la empresa.

El objetivo de los análisis anteriores es decidir qué hacer en cuanto a las capacidades a desarrollar, es decir con las deficiencias encontradas, ya que de no hacerlo se corre el riesgo de rezagarse aún más respecto a los competidores.

Así, conocer lo que los clientes de la empresa valoran y los factores claves de éxito, permite realizar un análisis del entorno e interno, así como reflexionar sobre las capacidades, habilidades humanas, tecnología y recursos financieros que la empresa requiere para satisfacer a los clientes. Por ello, es imprescindible analizar a los competidores para hacer las operaciones y procesos mejor que las otras empresas que realizan actividades similares a la nuestra.

# Importancia de los datos estadísticos para establecer una Micro empresa

En junio de 2009, la Secretaría de Economía de México (SE) emite el Acuerdo sobre los criterios de estratificación, estableciendo que la microempresa es aquella que tiene hasta 10 empleados y hasta 4 millones de pesos.Asimismo, los datos del Instituto Nacional de Estadística Geografía e Informática (INEGI) relativos a los censos económicos estratificados por micro, pequeña, mediana y gran empresa 2009, señalan la importancia de la microempresa.

La información se presenta en el sector comercio y de servicios. Los micro negocios en el comercio se caracterizaron por ocupar el primer lugar en tres de las cinco variables que se presentan: en unidades económicas aportó 97.1%, en personal ocupado total 65.1%, y en activos fijos totales 39.3 por ciento. En los rubros de remuneraciones y de ingresos ocupó el segundo lugar con 28.4 y 21.6% respectivamente, ya que el primer lugar lo ocuparon las empresas grandes.

En relación a las actividades, el primer lugar fue en Abarrotes y alimentos al por menor, el segundo lugar lo ocupó la rama de Ropa y accesorios de vestir al por menor, la tercer rama que sobresalió fue la de Papelería, libros y revistas al por menor.En el sector servicios, del total de 1 367 287 empresas en el país en 2009, el 94.7% eran micro empresas, lo que muestra una alta concentración en este tamaño de establecimientos. En personal ocupado total aportaron el 43.7% del total, las principales. Las principales actividades son relativas a Restaurantes, Hoteles, Limpieza y Hospitalarios.

En Chiapas se registraron en total 83151 microempresas, de las cuales 13470 son de comercio y 69, 681 del sector servicios.

En comercio empleó a 134,809 mientras que entre los pequeños, medianos y grandes proporcionaron empleo solo a 40,806 y en el sector servicios registró 97,183 empleados mientras que entre las empresas grandes, medianas y pequeñas emplearon sólo 42,361.

La importancia de los datos anteriores no es sólo demostrar que las empresas micro representan una fuerza económica importante en el País y en el Estado, sino también utilizar la información que proporcionan.

Por ejemplo, si está pensando en auto emplearse a través de establecer un micro negocio:

a) La primera cuestión será el establecer cuáles son sus habilidades y sobre qué materia conoce, es decir que sabe hacer.

b) Con cuantos recursos financieros cuenta o a que lugares puede acudir para solicitar un financiamiento.

c) Antes de decidir la actividad a que se dedicará debe verificar la competencia que existe, y es ahí donde los datos estadísticos proporcionan una visión clara del número de empresas que existen dedicadas a la misma actividad, su tamaño y número de empleados con que cuenta.

d) Además puede observar la demanda que puede existir por otros servicios o adquisición de artículos que no se estén cubriendo en la actualidad o que en otros Estados ya estén creciendo. A esto se le llama localizar un nicho de mercado.

e) Los datos estadísticos también pueden ayudarlo a realizar una investigación de mercados más específica en el Municipio en que se encuentre.

f) Si ya se decidió, recuerde establecer un plan de negocios que lo ayude a establecer estrategias no solo de sobrevivencia sino para un crecimiento a largo plazo.

g) Cumpla con sus obligaciones fiscales.

h) Busque asesorías y lea artículos que le pueden ayudar a tomar decisiones acertadas.

# Importancia de la comunicación eficaz en la organización

Se considera comunicación organizacional a los mensajes que se intercambian entre la organización y su ambiente. La función de comunicación organizacional busca desarrollar e implementar estrategias de comunicación que respalden a la organización en el logro de sus objetivos ofreciendo recursos efectivos de coordinación, apoyando los procesos de cambio, reforzando la integración del personal, y colaborando en el mantenimiento de una óptima reputación e imagen de la organización, sus integrantes, sus prácticas y sus productos.

La Comunicación es un recurso estratégico para cualquier organización, sin comunicación no es factible la existencia de la organización; Mejor comunicación implica mejores posibilidades de alcance de los objetivos de la organización.

Existen tres áreas distintas de comunicación:

Institucional: Busca establecer, fortalecer y preservar la imagen y posicionamiento de la organización.

Mercadotécnica: Dirigida a promover una respuesta, actitud o comportamiento entre los clientes.

Interna: Encaminada a crear sinergia y coordinación entre los empleados en beneficio de la institución

- Comunicación Institucional, algunas actividades típicas:

Relaciones con los medios, identidad institucional (logotipos, identidad gráfica), alianzas con organizaciones afines, asuntos gubernamentales, programas de responsabilidad social.

- Comunicación Mercadotécnica. Algunas actividades típicas:

Planes de mercadotecnia, lanzamientos de productos / servicios, difusión de beneficios de productos / servicios, correo directo, diseño de campañas, alianzas estratégicas con medios de comunicación.

- Comunicación Organizacional. Algunas actividades típicas:

Desarrollo y fortalecimiento de la cultura organizacional, estudios y mejoramiento del clima organizacional, administración del cambio organizacional, sistematización de medios de comunicación interna, integración de equipos de trabajo.

*Procesos de la comunicación:*

La comunicación jefe-colaboradores puede ser a través de trabajo en equipos, juntas de comunicación, actividades de desarrollo de habilidades de comunicación, actividades sociales y recreativas promotoras de la integración.

*Medios de comunicación típicos:*

- Revista interna, boletines, circulares y otros impresos

- Electrónicos: Intranet, correo electrónico, multimedia

- Campañas

- Posters, mantas, rótulos y otros impresos

- Video

- Tablero de avisos (carteleras, pizarras, tablones)


Por último, recuerde que no importa el tamaño de su empresa, ya que la comunicación se da en cualquier organización, con clientes y empleados en primera instancia, por lo que es recomendable considerar las actividades, procesos y medios de comunicación descritos que coadyuven al logro de sus objetivos.

# Importancia de la selección de proveedores para mejorar la función de compras.

Por lo general las necesidades de compras en una organización se determinan con el estudio de la secuencia compra-proceso-salida y en base a esto se realiza el punto de reorden, sin embargo sin importar el método que se tenga establecido en la empresa para la adquisición de materia prima o productos terminados, es importante considerar los siguientes aspectos en la selección de proveedores que permitirán disminuir costos y mejorar el proceso de compras:

I.    Selección de fuentes de abastecimiento.

1) Análisis del sector: Identificar empresas que integran el sector, características del producto, clasificación industrial, en su caso.

2) Disponibilidad comercial: Determinar si es producto estandarizado, o lo realizan personalizado, si es fabricante, distribuidor.

3) Cantidad a comprar: Se da a partir de la disponibilidad, si existe un mínimo.

4) Tiempo de requerimiento de compra.

5) Propósito de compra: Uso para fabricación, componentes, especial o no repetitivo, tamaño físico.

II.    Selección preliminar

Recurrir a diversas fuentes de información, tales como: Guías, directorios, registros, entrevista con proveedores y representantes directos de fábricas, catálogos, actividad publicitaria, revistas. Así como fuente interna de especialistas, archivos de proveedores, organizaciones de especialistas/profesionales, ferias, exhibiciones, muestras.

III.    Selección de cotizaciones

De acuerdo al número de oferentes deseados, se debe seleccionar por: Competencia en precio, competencia tecnológica y de servicio.

IV.    Evaluación de cotizaciones.

Se deben considerar: cantidades requeridas, descripción y especificaciones de artículos, puntos de entrega de consumo, tiempo de entrega, método y precios de transporte, fechas de entrega, consideraciones contractuales, precios, propuestas, identificación de concurso en base a precios por cantidades, precio por periodicidad de entrega, periodo de respeto de precios, excepciones o invalidación de precios por eventos,  precio protegido a la baja, sujeto a escala, garantías, reclamaciones,  entre otros.

Por último, es conveniente comentar qué la relación con los proveedores debe basarse en la  honestidad, sinceridad acerca de las virtudes del producto, conocimiento recíproco del producto y políticas mutuas  proveedor-cliente (de compra y venta).

## Importancia de la distribución física de productos.

La distribución se refiere a las actividades que se realizan para generar las mejores condiciones de tiempo, lugar y situación en el servicio al cliente, ya que la empresa debe ser capaz de colocar sus productos en el lugar indicado y momento preciso.

La decisión más importante en materia de distribución física y elección de los canales, se refiere a si la empresa lo lleva a cabo o si necesita delegarla en un agente, entre otras figuras que pueden prestar el servicio. Asimismo, es primordial conocer al cliente a fin de determinar sus hábitos de compra tales como:

1) Cada cuanto tiempo adquiere el producto, ya sea el que la empresa distribuye u otro similar o sustituto.

2) Donde realiza la compra, si es en un lugar cercano a su casa, en centros comerciales, farmacias u otro lugar específico.

Algunas estrategias de distribución para empresas minoristas:

a) Realizar entregas a domicilio de pedidos realizados a través de llamadas telefónicas.

b) Crear una página web para ofertar los productos y enviarlos ya sea por paquetería o con transporte propio.

c) Realizar contratos a consignación con diversas empresas, esto es dar producto a una empresa o cadena de empresas que pueden exhibir los productos sin que lo compren, es decir que únicamente pagarán por los productos que efectivamente se vendan.

d) Contratar personal de ventas para que acuda a visitar a los clientes, ya sea de puerta en puerta o a negocios especializados en los que se requiera el producto.

e) Enviar catálogos con los productos al domicilio de los clientes, o enviarlo por vía correo electrónico, u otra aplicación existente en el mercado tecnológico. Recuerde realizar una base de datos de las personas que ya han comprado sus productos a fin de que periódicamente se comunique con ellos y les envíe información de sus productos.

f) Participe en ferias y exposiciones de productos de la misma rama o actividad, esto permite exponer el producto a un sinnúmero de personas que son consumidores potenciales.

g) Contrate una isla, o sea un espacio pequeño en un centro comercial importante, puede ser por un par de días o un fin de semana. Presente información del producto, exhíbalo, deje que los posibles clientes manipulen, prueben o degusten su producto. Agende visitas, anote direcciones, números de teléfono y correo electrónico para dar seguimiento a quienes parezcan interesados en su producto.

h) Participe en mercados sobre ruedas en los que puede exhibir su producto sin que resulte muy oneroso.

Recuerde que el éxito de su empresa puede depender de los canales de comercialización que tenga implementados, ya que de ese modo pondrá a disposición  de los clientes sus productos de una manera cómoda y accesible, lo que facilitará la venta de sus productos e incrementará sus utilidades.

.

**Importancia de establecer políticas de crédito en las empresas.**

Las funciones del crédito en las empresas se refieren a que incrementan el consumo, fomenta el uso de bienes y servicios y permite la ampliación y apertura de nuevos mercados. La principal razón por la que la mayoría de las empresas ofrecen ventas a crédito es porque sus competidores también ofrecen crédito.

La administración de cuentas por cobrar, tiene por objeto coordinar los elementos de una empresa para maximizar el patrimonio y reducir el riesgo de una crisis de liquidez y ventas a través del manejo óptimo de aspectos tales como políticas de crédito comercial concedido a clientes y estrategia de cobros.

a) Políticas de crédito:

Son el conjunto de actividades y decisiones que comprende las normas de crédito de una empresa, incluyendo los métodos empleados para cobrar las cuentas de crédito y los procedimientos para controlar el crédito. Los objetivos de estas políticas son reducir al máximo la inversión de cuentas por cobrar, mantener la inversión en cuentas por cobrar al corriente, evitar la cartera vencida, vigilar las cuentas por cobrar ante la inflación y la devaluación.

No es conveniente tener un solo cliente, debe diversificarse para que los riesgos, de falta de cobro no afecten a la empresa en forma importante. Es importante analizar el crédito, una herramienta conocida es a través de las cinco "C's".

b) Las Cinco "C" del Crédito

1) Carácter: Historial del solicitante de cumplir con las obligaciones pasadas.

2) Capacidad: La disposición del solicitante para pagar el crédito solicitado, determinada por medio de un análisis de estados financieros centrado en los flujos de efectivo disponibles para establecer si puede cumplir con los pagos de la deuda.

3) Capital: La solidez de la estructura financiera del solicitante, evaluando si podrá pagar los recursos solicitados conforme a los ingresos que tiene.

4) Colateral: El monto de Activos que el solicitante tiene disponible para garantizar el crédito. Cuanto mayor sea el monto de activos disponibles, mayor será la posibilidad de que una empresa recupere sus fondos si el solicitante incumple el pago.

5) Condiciones: Términos de pago en función de la situación empresarial actual y de las tendencias generales del país.

Por lo anterior, se aconseja que establezca claramente las políticas de crédito para que pueda asegurar en la medida de la posible la recuperación de las ventas que se hagan a través de este medio, ya que de acuerdo a las condiciones económicas del país es necesario utilizar el crédito para vender.

**Importancia del control de efectivo en el Control Interno Administrativo de una empresa.**

El control interno administrativo consiste en adoptar medidas relacionadas con la eficiencia operacional y la observación de políticas establecidas en la organización, por ejemplo: las medidas de seguridad y accesos restringidos. Una debilidad de control interno no implica necesariamente que los registros sean erróneos pero si existe la posibilidad que los estados financieros contengan errores.

El efectivo es el concepto que representa la liquidez de los activos que posee una empresa, se considera como efectivo a las monedas, billetes, cheques, giros bancarios, y dinero depositado en bancos.

La Gerencia es responsable de evitar pérdidas por fraudes, robos, garantizar la exactitud contable de ingresos, pagos, saldos de efectivo, mantener saldo suficiente para pagos y emergencias, para eso se pueden establecer los siguientes:

*Controles sobre el efectivo:*

a) Custodia de los activos separados del registro de transacciones.

b) La función de registro debe estar subdividida en varios empleados.

Para esto, se pueden realizar los siguientes procedimientos:

1) Verificar que todos los ingresos sean depositados integra y oportunamente, a más tardar al día siguiente

2) Realizar Arqueos sorpresivos, por personal ajeno al área de caja, a fin de comprobar si se ha contabilizado todo el efectivo recibido y si el Saldo que arroja esta cuenta, corresponde con lo que se encuentra físicamente en Caja en dinero efectivo, cheques o vales.

3) Pagar los gastos con cheques.

4) Que se tenga Asignado un Fondo Fijo adecuado.

5) Verificar que todos los ingresos que debieran recibirse efectivamente se reciban, por ejemplo: llamar a los clientes que adeuden para verificar cuando realizaron su último pago y revisar que haya sido ingresado y registrado el pago correspondiente.

6) Establecer formularios prenumerados para Ingresos y Egresos.

7) Implementar un Plan de Cuentas adecuado que permita contabilizar correctamente los ingresos y egresos.

8) Establecer un sistema de autorización de gastos y pagos.

9) Adecuada separación de funciones entre el que paga y el que registra.

10) Emitir cheques nominativos


Con el establecimiento de las medidas anteriores, se pueden evitar las siguientes situaciones que pueden presentarse para encubrir fondos y generar fraudes en la empresa:

Cancelar gastos ficticios, contabilizar y pagar facturas falsas, contabilizar y pagar duplicados de documentos, postergar depósitos, adulterar documentos corrigiendo cifras, adulterar la suma de reembolsos de Fondos Fijo, utilizar el dinero de cobranzas para efectuar pagos personales adulterando la suma de los cobros y retirando la diferencia, adulterar depósitos y alterar posteriormente las conciliaciones bancarias, adulterar boletas de depósito y notas de debito bancario (cargos) por sumas equivalentes.

Por lo tanto, establecer adecuadas medidas de control sobre su efectivo contribuirá a salvaguardar su patrimonio y asegurar la confianza en los controles establecidos por la empresa.

## Importancia de la inteligencia emocional en las organizaciones

El concepto de inteligencia emocional fue creado por el psicólogo estadounidense Daniel Coleman y se refiere a la capacidad para reconocer los sentimientos propios y ajenos.

Para Coleman, la inteligencia emocional implica cinco capacidades básicas: descubrir las emociones y sentimientos propios, reconocerlos, manejarlos, crear una motivación propia y gestionar las relaciones personales.

Por lo tanto, una persona con baja inteligencia emocional se dejará llevar frecuentemente por sus impulsos lo que le traerá problemas. Sin embargo, una persona con alta inteligencia emocional, no planeará todos sus movimientos pero sí poseerá una perspectiva mucho más racional e inteligente, y difícilmente sus emociones lo desestabilizaran en momentos cruciales y podrá conseguir los siguientes objetivos en su relación con los demás:

• Que quienes le rodean se sientan a gusto con él.

• Cuando estén a su lado no experimenten ningún tipo de sensación negativa.

• Que confíen en él cuando requieran de algún consejo tanto a nivel personal como profesional.

a) Características de una persona con inteligencia emocional:

• Reconoce y maneja las emociones de tipo negativo que experimente.

• Tiene mayor capacidad de relación con los demás, porque al poseer empatía cuenta con la ventaja de entenderlos al ponerse en sus posiciones.

• Logra utilizar las críticas como algo positivo, ya que las analiza y aprende de ellas.

• Al encauzar las emociones negativas tiene mayor capacidad para ser feliz.

• Cuenta con las cualidades necesarias para hacer frente a las adversidades y contratiempos.

En virtud a lo anterior, las organizaciones requieren que se fomente la inteligencia emocional de los trabajadores, ya sea a través de cursos o talleres para que puedan desarrollar estas habilidades, puesto que de este modo se obtendrán los siguientes:

a) El trabajador se siente más persona, más feliz, más pleno y con mayor calidad de vida;

b) Aumenta la motivación.

c) Mejora las relaciones personales.

d) Las personas desarrollan responsabilidad y autonomía.

e) Se mejora el clima laboral;

f) Refuerza el liderazgo.

g) Aumenta la eficacia y eficiencia de las personas y de los equipos;

h) Mejoran las relaciones con los clientes y con todos los públicos de la empresa;

i) Mejora la rentabilidad de la empresa.

**Importancia de los servicios turísticos.**

El producto turístico requiere de recursos, infraestructuras y servicios. Servicio turístico es la actividad que realiza una persona física o moral, pública o privada, con el fin de satisfacer necesidades específicas derivadas del desplazamiento turístico. Los servicios incluyen además el valor simbólico, es decir psicológico, que tiene que ver con el valor social que la persona le asigna, por ejemplo: es necesario dormir, que se satisface con un hospedaje, sin embargo el valor simbólico que le da el turista es el hecho de que se trate de un hotel de una o de cinco estrellas.

Al lanzar el producto al mercado, en especial el Producto Turístico, deben valorarse todos y cada uno de los servicios existentes, valorándolos debidamente. Generalmente, la consideración de los servicios incluye los que siguen:

a) Servicio básico. Es la razón por la cual el cliente elige un producto turístico, por ejemplo, en el caso de un restaurante, será la comida.

b) Servicios periféricos, son aquellos que el cliente tiene derecho a utilizar por ser usuario del servicio básico. Por ejemplo en el caso del restaurante, podría ser el internet, sala de juegos para niños.

c) Servicios complementarios, son aquellos que además de los anteriores ofrecen un valor añadido con respecto a la competencia, por ejemplo: tarjetas o alimentos de cortesía, descuentos, guardería, entre otros.

Entre los servicios turísticos más importantes se encuentran los siguientes:

- Alojamiento: la hotelería se categoriza de una a cinco estrellas. Otros: Camping, tiempo compartido, resort, posadas.

- Gastronomía: incluye todo tipo de restaurantes, bares, cafetería, etc.

- Transporte: Avión, cruceros, trenes, micros, combis, alquileres de autos, etc.

- Excursiones: las agencias de turismo y otros operadores turísticos ofrecen variedad de salidas acompañados de guías donde se recorren los sitios turísticos más importantes.

Ahora bien, la importancia de los servicios turísticos se evalúa respecto a si cubre las necesidades básicas y detectar las necesidades insatisfechas de los turistas, asimismo generan el crecimiento económico de un lugar que debe ir de la mano de un desarrollo sustentable y beneficiar a toda la comunidad.

Se pueden mejorar desde el sector público, privado y desde la propia comunidad. Del sector Público, por lo general lo realiza la Secretaria de Turismo, mediante planes integrales a nivel macro contemplando a todos los sectores involucrados (cámara de hoteles, gastronómicos, comerciantes, operadores turísticos).

Desde el sector Privado, a través de la capacitación del personal, ya que por lo general existe una deficiencia en este sentido, así como poca actualización en las últimas tendencias del sector en cuanto a mercadotecnia, arquitectura, diseño de interiores, relaciones humanas, en mejora de la calidad de los servicios y la correcta utilización de los insumos, sin descuidar los factores de competitividad de los mercados como son el costo y producción.

Por último, desde la comunidad, a través de la toma de conciencia turística por parte de los residentes, ya que es necesario considerar que a través de los servicios turísticos se puede generar empleo todo el año, las utilidades se quedan en el lugar, se contribuye al desarrollo y crecimiento de la comunidad

**Importancia de la Cultura Organizacional en la empresa.**

Cultura organizacional se define como un sistema de propósitos compartidos y creencias comunes que siguen los miembros de una organización y que determina, en gran medida, cómo actúan unos con respecto a otros, en otras palabras es la forma en que se hacen las cosas en una empresa, y comprende valores, símbolos, rituales, mitos y prácticas de la misma.

a) Una cultura comienza con:

Los fundadores de una organización, tradicionalmente tienen un mayor impacto en la cultura inicial de esa organización ya que tienen una visión de cómo debería ser la organización. El tamaño pequeño que suele caracterizar a las nuevas organizaciones facilita todavía más la imposición de la visión de los fundadores sobre todos los miembros de la organización.

b) La cultura se mantiene viva a través de:

- Alta gerencia.- Los gerentes, con lo que dicen y su comportamiento establecen normas que se filtran hacia abajo a través de la organización.

- Nuevos empleados y socialización.- Los empleados cuando ingresan a la organización no están familiarizados con su cultura, pudiendo llegar a perturbar las creencias y costumbres que ya están establecidos. Por lo tanto es necesario que se adapten a la cultura a través del proceso de socialización, que incluye:

1) Historias.- Relatos que circulan en las organizaciones y suelen contener una narración de acontecimientos acerca de los fundadores de la organización, como iniciaron la empresa, los obstáculos que encontraron, anécdotas. Estas historias anclan el presente en el pasado y proporcionan explicaciones y legitimidad a las prácticas actuales.

2) Rituales.- Son secuencias repetitivas de actividades que expresan y refuerzan los valores clave de la organización, indican que metas tienen mayor importancia, que gente es importante y quien no lo es.

3) Símbolos materiales.- Estos símbolos materiales comunican a los empleados quien es importante, el grado de igualitarismo deseado por la gerencia de alto nivel y la clase de comportamiento que es apropiado. Se manifiestan como códigos de vestir, tarjetas de presentación, lugares de estacionamiento particulares, entre otros.

4) Lenguaje.- Muchas organizaciones y unidades dentro de las mismas, usan el lenguaje como una forma de identificar a los miembros de una cultura. Al aprender este lenguaje los miembros evidencian su aceptación, y ayudan a preservarla. Por ejemplo el uso de códigos, diminutivos.

c) Beneficios de la cultura organizacional:

- Crea un compromiso más fuerte de los empleados con la organización.

- Ayuda en el reclutamiento y la socialización de nuevos empleados.

- Impulsa un mayor desempeño de la organización al inculcar y promover la iniciativa de los empleados.

Por lo tanto es conveniente reflexionar si en su empresa se realizan algunas de las actividades anteriores, a fin de fortalecer la cultura organizacional o en su caso empezar a implementarla.

**Importancia del presupuesto en la empresa.**

Un presupuesto es un plan de acción dirigido a cumplir una meta prevista, expresada en valores y términos financieros y debe cumplirse en determinado tiempo y bajo ciertas condiciones, por lo tanto puede realizarse en cualquier empresa, sin importar su tamaño o actividad que lleva a cabo.

La principal función de los presupuestos se relaciona con el Control financiero. Los presupuestos pueden desempeñar tanto roles preventivos como correctivos dentro de la organización, al ir comparando lo que se tiene presupuestado con lo que la empresa va realizando.

Las fases del presupuesto son:

1. *Previsión*: Preparar de antemano lo conveniente para atender a tiempo las necesidades presumibles.

2. *Planeación*: (Qué y cómo se va hacer).Camino a seguir con unificación y sistematización de actividades de acuerdo con sus objetivos.

3. *Organización*: (Quién lo hará).Estructuración técnica entre las funciones, los niveles y las actividades de los elementos humanos y materiales de una entidad.

4. *Coordinación o integración*: (Que se hagan en orden: en lo particular y en los general). Desarrollo y mantenimiento armonioso de las actividades.

5. *Dirección:* (Guiar para que se haga). Función ejecutiva para guiar e inspeccionar a los subordinados.

6. *Control:* (ver que se realice). Medidas para apreciar si los objetivos y los planes se están cumpliendo.

Métodos para elaborar un presupuesto:

1.- Método basado en la opinión de los Directores ( Subjetivo)

2.- Métodos basado en la opinión y experiencia obtenidas por la fuerza de ventas  (Subjetivo)

3.- Método de Análisis Estadístico  (Objetivo) .

Si nunca ha realizado un presupuesto, es conveniente comenzar con un presupuesto de ingresos y egresos o de efectivo, es decir considerar los ingresos posibles que tendrá en un período a corto plazo (anual) y los gastos que espera tener, incluyendo las compras e impuestos por pagar. Estos conceptos se comparan mensualmente para controlar los posibles sobrantes o faltantes de efectivo que se puedan tener mensualmente. Recuerde que lo importante es tomar las decisiones necesarias para alcanzar las metas propuestas o controlar los gastos establecidos en cada período.

## Influencia de la imagen personal en la empresa.

El cuidado de la imagen y arreglo personal están cada vez más tomando mayor protagonismo en la vida de las personas. Verse, sentirse bien y estar a gusto con la imagen es algo que las hace sentir bien.

Una empresa también tiene una imagen por la que se reconoce y perdura en el tiempo. Las personas que laboran en ella como responsables de transmitir la credibilidad de los productos o servicios que ofrecen, también deben transmitir una buena imagen personal que sea coherente con la imagen corporativa.

La imagen personal, se forma con las posturas, movimientos al sentarse, caminar y saludar; tono de voz, higiene, cortesía, educación, y forma de vestir. Es importante cuidarla ya que es lo primero que los demás ven, todos proyectamos nuestra personalidad a través de la imagen que ofrecemos al exterior.

Los asesores de imagen consideran que en las empresas, la apariencia personal incide en 90% para tomar decisiones. Por otra parte, los cambios en la apariencia tienen poco valor si no van acompañados de cambios en el interior, es decir se debe trabajar con los valores, las actitudes, las creencias y autoestima.

En treinta segundos, la gente se forma una impresión de una persona basados en lo que ven, el cabello, ropa, movimientos, sonrisa y el resto de comunicación no verbal. De ahí la importancia de la imagen personal.

Cuando el mensaje que se transmite a nivel visual es positivo, la persona que está frente asumirá que los otros aspectos también son positivos. Pero, si el mensaje visual es negativo, el nuevo cliente tal vez no de una oportunidad para transmitir la información que se desea.

Por lo anterior, es importante que todas las empresas tengan estipulado su "Código de vestimenta" porque todo lo que elegimos trasmite algo, y en ocasiones puede ir en contra de la política de la empresa.

Para la gente que tiene contacto directo y personal con el cliente en puestos de recepción, atención al cliente, entre otros, es fundamental contar con un uniforme establecido por la compañía,   incluyendo especificaciones acerca del peinado, maquillaje y accesorios permitidos. En el caso de mujeres, es conveniente evitar mostrar mucho las atribuciones físicas ya que puede desviar la atención de la audiencia de los objetivos que se tengan.

Es importante que la empresa otorgue capacitación a sus empleados, la cual puede consistir en   talleres de imagen, cursos de automaquillaje, creación del código de vestimenta corporativa, cursos de filosofía de la empresa, entre otros.

Algunos consejos para la forma de vestir, de acuerdo al tipo de situación, pueden ser:

a) Si trabaja en una tienda o bazar, con atención directa al público,   se debe de vestir como comúnmente  lo hace,  ya que si utiliza traje podría crear un ambiente de rechazo, o en su caso utilizar un uniforme sencillo.

b) Si trabaja con gerentes de empresa la vestimenta debe ser gerencial, no utilizar pantalón de mezclilla y zapatos deportivos.

Es importante recordar que tal como lo dice la sabiduría popular, "una imagen vale más que mil palabras"

**La ciencia del caos según Philip Kotler: Una oportunidad de crecimiento para las empresas.**

En la actualidad existen más riesgos para las empresas que antes, esto es debido a que la tecnología y medios de comunicación han reducido los tiempos y distancias, por lo que las empresas y economías de los países están más globalizadas e interconectadas unas a otras. A estos riesgos Kotler los denomina turbulencia y comenta que las empresas toman medidas para contrarrestarlas ya que aumentan los riesgos. En consecuencia   reducen personal, disminuyen costos, entre otros.

Asimismo, establece que no debemos esperar a que se realice el "efecto mariposa", es decir que suceda un problema en otro lugar para que  actuemos, es decir hasta que ya estamos en una crisis, ya que la nueva normalidad es una secuencia de altas y bajas en la economía que impiden la predicción con mayor grado de certeza, situación que no se daba antes, ya que las empresas tenían ciclos buenos y malos, con cierta regularidad, dependiendo de las políticas del gobierno y de los competidores del mercado local o nacional.

Ahora las empresas, sin importar su tamaño, deben acostumbrarse a este entorno cambiante y tomar las decisiones necesarias para continuar operando. Algunos aspectos importantes que se deben tomar en cuenta, son los siguientes:

1) Un aspecto muy importante de la información  y de la interconectividad es la que se refiere a que los clientes conozcan más rápidamente lo que está pasando en las empresas, un mal servicio o producto de baja calidad generan comentarios de inmediato por internet  y de los diversas redes sociales que existen, por lo que las empresas que hagan productos con inferior calidad o proporcionen servicios que no sean de alto nivel desaparecerán con mayor rapidez que antes.

2) El uso del internet genera también una oportunidad para comunicarse con los clientes,  el correo electrónico posibilita la comunicación y colaboración con los consumidores. Por lo tanto, es necesario tener una base de datos

de correos de los clientes con el fin de estar en constante comunicación acerca de nuestros productos, servicios, promociones, ofertas y realizar encuestas de calidad.

3) Mejorar procesos de manera continua y estar preparados con posibles escenarios de lo que podría suceder bajo diferentes circunstancias y como podría la empresa hacer frente a las mismas y minimizar los efectos.

4) Tener una actitud de alerta para prevenir las diversas situaciones que podrían afectarnos, por ejemplo: a nivel macroeconómico, el incremento de impuestos, el tipo de cambio, entre otros; a nivel microeconómico, la competencia directa e indirecta, los problemas sociales locales y otros aspectos.

Así, la ciencia del caos nos indica que debemos estar en movimiento constante, mejorar y estar alerta ante los cambios que se realizan continuamente, con el fin de aprovechar las oportunidades que se presentan y disminuir los riesgos por no hacer nada.

**La decisión empresarial más difícil… ¿cerrar o sobrevivir y crecer?**

Son pocos los empresarios que han logrado mantener y hacer crecer a su empresa sin que hayan enfrentado dificultades en algún momento de la existencia de la misma. Actualmente, debido a los problemas sociales que se han suscitado, muchas micro, pequeñas e incluso medianas empresas han decidido cerrar sus puertas y finalizar sus operaciones, ya que no han podido afrontar las bajas ventas y sufragar los costos fijos que tienen. Aunado a esta situación, se avizoran problemas mayores con las posibles reformas fiscales que se aprobarán en breve y que gran parte de los negocios tendrán que sobrellevar.

Ante este panorama, es importante que antes de tomar una decisión sobre el futuro de su negocio, analice los siguientes aspectos:

a) Ubicación. ¿Está bien ubicado?, ¿cuánto contribuye el lugar en que se encuentra en sus ventas?. Cambiarse de lugar podría ayudarle a obtener nuevos clientes y si lo menciona con anticipación y además otorga un bono de descuento por fidelidad, podrá mantener el resto de su clientela.

b) Desperdicios. Verifique el proceso de sus operaciones, trate de disminuir los costos fijos, ya sea ahorrando electricidad, reciclando papelería, manteniendo un inventario mínimo, entre otros aspectos que pueden ayudarlo a reducir sus gastos.

c) Si el local en el que se ubica es grande, puede buscar uno más pequeño y económico. Si es propio puede subarrendar una parte del mismo y obtener un ingreso fijo que lo ayudará a afrontar algunos gastos.

d) Realice una encuesta con los clientes respecto a los servicios que presta o productos que vende actualmente y sobre que otros servicios o productos les gustaría encontrar en su negocio. Esto puede ser un indicador de algún nicho de mercado que usted no esté atendiendo y puede ayudarlo a modificar su giro o incursionar en la diversificación de productos o servicios que puedan ser más provechosos en un futuro cercano.

e) Elabore un presupuesto de por lo menos los próximos seis meses. Sea realista, incluya sus ingresos y gastos fijos mensuales. Determine cuánto tiempo puede sobrevivir y busque algunas opciones para aumentar sus ingresos o disminuir sus costos.

f) Oferte promociones y descuentos. Recuerde que lo importante es el flujo de dinero, por lo que aunque las utilidades sean menores a lo acostumbrado, al menos se venderá el producto en un tiempo menor y podrá realizar el ciclo de compra-venta más rápido, lo que a la larga traerá un beneficio a su empresa.

g) Trate a sus   clientes con respeto, si son habituales llámelos por su nombre o apellido, deles un trato preferencial y solicite   que lo recomienden. Recuerde que las recomendaciones siempre funcionan más que cualquier otro medio publicitario y no cuesta.

h) Busque asesoría en materia administrativa, fiscal y financiera , los Colegios de Contadores, Cámaras de Comercio, Universidades Públicas y particulares, proporcionan   pláticas, asesorías y talleres de bajo costo y en ocasiones como parte de su servicio  social a la comunidad.

Lo importante es no abandonar sus objetivos. Analice las opciones que tiene, plantee las estrategias que puede seguir para afrontar la situación en que se encuentra y tome las decisiones necesarias. Lo primordial es ser proactivo, es decir actuar y no quedarse a la deriva, recuerde la sabiduría popular de que "camarón que se duerme…."

## La ética en la Mercadotecnia

La mercadotecnia es la realización de actividades empresariales que dirigen el flujo de bienes y servicios del productor al consumidor, incluye el proceso de planificación y ejecución de la concepción, fijación del precio, promoción y distribución de ideas, bienes y servicios para crear intercambios que satisfagan los objetivos de los individuos y de las organizaciones.

La ética en la mercadotecnia incluye los principios y estándares que guían el comportamiento de los individuos y grupos para tomar las decisiones de mercadotecnia. La estrategia de mercadotecnia debe considerar a los grupos de interés, como gerentes, empleados, clientes, asociaciones industriales, reguladores del gobierno, socios de negocios y grupos especiales, todos los cuales contribuyen a los estándares aceptados y a las expectativas de la sociedad.

Los más básicos de estos estándares han sido codificados como leyes y regulaciones para alentar a las empresas a adecuarse a las expectativas de la sociedad acerca del comportamiento de negocios. Los estándares de conducta que determinan la ética en esas actividades requieren que las organizaciones y los individuos acepten la responsabilidad por sus acciones y cumplan con los sistemas de valores establecidos. Sin embargo, se continúan llevando a cabo prácticas indebidas que causan o inducen al error en el momento de decidir comprar un producto o servicio y perjudican al consumidor, tales como:

a) Practicas indebidas en general

Mentir acerca de las capacidades de la empresa, manipulación o mal uso de datos o información, explotación de niños o grupos vulnerables, invasión de la privacidad,

actividades anticompetitivas

b) Cuestiones de producto

Tergiversación de la información sobre productos o servicios, no revelar los defectos del producto, garantías engañosas, no revelar información importante del producto.

c) Cuestiones de fijación de precios

Engaño de precios, arreglo de precios entre los competidores, políticas de reembolso fraudulentas, reducir los contenidos del paquete sin disminuir su tamaño, comportamiento abusivo.

d) Cuestiones de distribución

Comportamiento oportunista entre los miembros de la cadena de suministro, acuerdos de distribución exclusiva, contratos vinculantes, retener la disponibilidad del producto, retener el producto o el apoyo promocional.

e) Cuestiones de promoción

Publicidad de artículos gancho, publicidad falsa o engañosa, técnicas de venta falsas o engañosas, soborno de vendedores o agentes de compras, entretenimiento y entrega de obsequios, mentir.

Es importante que para mantener e incrementar su clientela no incurra en ninguna de las prácticas anteriores, recuerde que el prestigio de la empresa puede ser una de las ventajas competitivas que lo distingan para lograr la fidelidad de sus clientes y la recomendación de los mismos.

## La importancia de la planeación fiscal patrimonial

Por lo general los dueños de empresas, sin importar su tamaño, se preocupan por proteger sus activos, su inventario, disminuir el desperdicio, pagar impuestos, entre otros, con el fin de evitar en lo posible las contingencias futuras. Sin embargo casi nunca se preocupan por su patrimonio personal, que es muy distinto al de su negocio, aun siendo persona física. Es por esto que se presentan las siguientes consideraciones para que empiece a cuidar su patrimonio.

- El objetivo de la planeación patrimonial es evitar que el empresario corra riesgos de un futuro incierto en cuanto a su patrimonio. El patrimonio se forma con los bienes propios de una persona o familia, ya sean presentes o futuros, pero que generan obligaciones y deudas.

- Existe el patrimonio familiar, que es inembargable por los acreedores, Son objeto del patrimonio familiar: La casa habitación de la familia; los bienes que constituyen la unidad de producción de tipo familiar; una parcela cultivable suficiente para satisfacer las necesidades de la familia y los certificados de participación en sociedades cooperativas.

- Para la planeación se debe conocer si el empresario tiene socios, relacionar los activos y pasivos que posee. Si es casado conocer bajo que cláusulas, en que régimen, si tiene patrimonio conyugal y si tiene hijos. Para la administración del patrimonio, son necesarias las capitulaciones matrimoniales, que son pactos que los esposos celebran para constituir el régimen de sociedad conyugal o separación de bienes, mismas que tienen efectividad desde el momento en que se contrae matrimonio, o durante. En ellos se menciona los bienes que cada uno tiene, los derechos que cada uno va a tener sobre los mismos, y de los bienes que se adquieran en el futuro. De no existir, se deben elaborar las capitulaciones matrimoniales buscando en todo momento la protección de los derechos e intereses de ambas partes.

- La sociedad conyugal se crea desde el momento en que se contrae matrimonio hasta su disolución. Los bienes son de ambos, pudiendo disponer de la administración de los bienes que desean se integren a la sociedad al momento de casarse o sólo de los que se obtengan después. Se exceptúan, por ser propios de cada cónyuge, los que adquieran durante el matrimonio por exclusiva donación, herencia, legado o premios.

- Es importante saber que en el momento de que uno de los esposos quiera disponer de los bienes, debe ser autorizado por el otro. De acuerdo a las necesidades, se analizan los aspectos fiscales en cuanto a: Nombrar a un representante ante el fisco de la sociedad conyugal, en caso de venta de algún bien, el aspecto de la acumulación de las utilidades y presentación de declaraciones de impuestos respectivo.

- En el régimen de separación de bienes cada uno de los cónyuges conserva la propiedad, el usufructo y la administración de los bienes adquiridos por sí. En este régimen no se puede crear un patrimonio familiar común, sin embargo conforme a las modificaciones efectuadas a la legislación, en el Estado de Chiapas la mujer tiene derecho a recibir el 50% del patrimonio adquirido o ganado durante el matrimonio aunque sólo se haya dedicado al hogar.

- Además de lo anterior, se considera los siguientes: Si no ha hecho testamento, elaborar uno; analizar todo lo relacionado con inversiones y seguros que debe adquirir; que hacer con sus cuentas bancarias, con sus inmuebles, constituir fideicomisos, revisar los contratos a los que se haya comprometido, entre otras cosas, pero siempre pensando en las necesidades y prioridades que tenga.

Por último, recuerde que si no estamos preparados ante un problema, se corre el riesgo de perder el patrimonio y quedar en la ruina a consecuencia de una mala planeación.

**Las 5's, método de calidad aplicado a las empresas y guía para el desarrollo personal.**

Este método se denomina 5´s porque esta formada por 5 palabras Japonesas con la letra inicial S, siendo las siguientes. Seiri, Seiton, Seiso, Seiketsu y Shitsuke . en las empresas es el principio para tener una productividad sana y confortable cada día de trabajo y fundamental para tener una mayor productividad. El manejar el programa de 5 S comienza con la gente, es importante el entrenamiento para que el personal siga buenos hábitos de hacer las cosas bien.

SEIRI.- Es clasificar las cosas necesarias de las innecesarias en el área de trabajo.

SEITON.- Es arreglar, ordenar para que nos permita tomar con facilidad las cosas para su uso.

SEISO.- Es limpiar su lugar de trabajo completamente para que no haya polvo sobre el piso, máquinas y equipo.

SEIKETSU.- Consiste en repetir en forma continua Seiri-Seiton-Seiso con el fin de mantener el área de trabajo confortable y productiva.

SHITSUKE.-Consiste en la capacitación del personal ya que la gente debe adquirir los buenos hábitos de trabajo y seguir las reglas en forma estricta.

En el área empresarial y personal se puede aplicar las 5´s +1 que considera que todas las acciones se desarrollan como una actividad normal, no es una actividad especial o adicional a realizar y aplicar esta metodología en nuestra forma de vida, es simplemente hacer lo que se tiene que hacer, en el lugar donde se vive o se trabaja. Entonces el +1 en este caso sería ser constante.

Por lo tanto:

1) En relación con las cosas:

a) Seiri significa clasificación y su propósito es mantener solo lo necesario.

b) Seiton es organización y se refiere a mantener todo en orden.

c) Seiso es limpieza y su propósito es mantener todo limpio.

2) En relación con usted mismo:

a) Seiketsu ( bienestar personal) se refiere a cuidar su salud física y mental

b) Shitsuke es disciplina, mantener un comportamiento fiable.

c) Shikari es constancia, perseverar en los buenos hábitos.

d) Shitsokoku es compromiso, ir hasta el final de las tareas.

3) En relación con la empresa:

a) Seishoo es coordinación y se refiere a actuar como equipo con los compañeros.

b) Seido es estandarización y su propósito es unificar el trabajo a través de los estándares.

Por lo anterior, es importante analizar la aplicación de estos principios que parecer muy simples pero que pueden hacer una gran diferencia en la empresa y también de manera personal, al mantener nuestra casa, lugar de trabajo y a nosotros mismos limpios, eliminar lo que no se utiliza ya sea regalando, vendiendo o desechando los artículos, reparar lo que es útil pero está descompuesto o dañado, ordenar las cosas que permitirán tener más espacio y facilidad para limpiar, estandarizar procesos, terminar las actividades que se empiezan,  promoviendo la disciplina y creando con este proceso un mejor ambiente de trabajo y en el hogar.

**Las mujeres empresarias, análisis y perspectivas.**

Se sabe que existe desigualdad de género en él empleo y que en igualdad de circunstancias un hombre tiene mayores posibilidades de ser seleccionado para un trabajo. Es por eso que el autoempleo es una opción para muchas mujeres, ya que la mayoría de las mexicanas han desarrollado, entre otras: habilidades para comprar mucho con pocos ingresos (productividad), a realizar bien las cosas (calidad), a cocinar los sobrantes (reutilizar) y reasignar calzado y ropa de los hijos (reciclar).

Así, muchas mujeres han decidido aplicar estas habilidades en las empresas. En 2013, según la Secretaría de Hacienda y Crédito Público (SHCP) de cada cinco pequeñas y medianas empresas que se abrieron tres fueron de mujeres. Sin embargo, el acceso que tienen las mujeres a la propiedad de las empresas es todavía mucho menor que el de los hombres, de acuerdo con la Encuesta Nacional de Ocupación y Empleo (ENOE), en 2013 existen 2,205,293 empresarios en México, siendo sólo 19.6% mujeres y 80.4% hombres.

Algunas características de las mujeres empresarias en México:

- Nueve de cada diez tienen más de 30 años.

- El 40.4% tiene nivel de escolaridad medio superior o superior, el 28.1% terminó la secundaria, el 18.0% completó la primaria y 13.5% no la terminó.

- La mayoría (60.6%) están casadas o unidas y 22.9% lo estuvieron alguna vez y el 16.5% restante son mujeres solteras.

- La mitad tiene 3 hijos/as o más, 37.1% tiene entre 1 y 2 hijos/as y 12.6% no tiene.

- Hay un 35.9% que son jefas de hogar.

- La mayor parte de las empresas en que participan son micronegocios ( 90.9%)

La concentración de mujeres en las microempresas se atribuye a que les representa pocas barreras en cuanto a requerimientos –como escolaridad, requisitos legales o capital– y también a que su organización, por ser más flexible, les permite compatibilizar el trabajo con las responsabilidades domésticas que tienen, incluso hay ocasiones en que las actividades de la empresa se realizan en el hogar.

- Las mujeres destinan más del 70% de sus ganancias a la comunidad y a su familia, los hombres sólo aplican entre 30 y 40%.

- De cada 100 mujeres que solicitan un préstamo para invertir en su empresa, el 99% salda sus deudas de manera íntegra.

En Chiapas no se tiene datos estadísticos acerca del número de mujeres que están incursionando como empresarias, sin embargo se tienen algunos elementos que pueden ayudar a reflexionar al respecto, tales como:

- La población ocupada total es de 1'912,095, sin embargo, la tasa de ocupación es más alta para los hombres (1'365,716 o sea 71%) que para las mujeres (546,379 o 29%), especialmente las menores de cuarenta años.

- Durante el cuarto trimestre de 2013, las personas trabajando en el sector informal fueron 439,034 (23% del total de la población ocupada), aumentando 4.1% respecto a 2012. Es decir que 84,908 personas se agregó a este sector (47,385 hombres y 37,523 mujeres).

- La población ocupada sin acceso a las instituciones de salud en Chiapas es de 1'629,010 que equivalen al 85.2%, lo que ubica al estado en primer lugar nacional de población sin acceso a este servicio, la media nacional es del 63.5%

- Por nivel de ingresos, la población que percibe hasta 1 salario mínimo (s.m.) es de 689,823 (36.08%), con más de 1 hasta 2 s.m. 445,646 (23.31%), con más de 2 s.m. 482,848 (25.25%) y los que no reciben ingresos 285,170 (14.91%). Estos datos colocan a Chiapas como la entidad con mayor población que gana hasta un salario mínimo a nivel nacional y el cuarto lugar en porcentaje de personas que no reciben ingresos por su labor.

Por lo anterior, si se quieren superar los rezagos en materia de cobertura de salud, aumentar el nivel de ingresos y disminuir la informalidad  es importante que las mujeres de Chiapas tengan la opción de ser empresarias y que las autoridades continúen proporcionando apoyos económicos, tales como el programa "Semilla para crecer" de INMUJERES o el de "Madres solteras" del Gobierno Estatal.

Asimismo, que los organismos gubernamentales y la sociedad civil organizada a través de asociaciones empresariales y colegios de profesionistas auxilien en capacitar a las mujeres que ya han  incursionado en los negocios para que dejen de estar en el sector informal y cumplan con los requisitos fiscales y legales  que se necesitan para alcanzar créditos financieros que les permita crecer, así como recibir capacitación para aplicar sus habilidades en la administración de su negocio.   También es importante realizar más campañas que permitan a las mujeres conocer cómo pueden acceder a  los créditos y que se eliminen trámites para fomentar la creación de microempresas.

**La Micro y Pequeña Empresa turística y el Programa de Calidad Moderniza.**

El Programa de Calidad Moderniza, es un Sistema de Gestión para el mejoramiento de la calidad, a través del cual las Micro, Pequeñas y Medianas empresas (MIPYMES) turísticas pueden estimular a sus colaboradores, mejorar el control del negocio, disminuir desperdicios e incrementar los índices de rentabilidad y competitividad, a través de aplicar herramientas y prácticas administrativas modernas.

El programa inició en 2002  es implementado por la Secretaría de Turismo Federal, consta de cuatro módulos: calidad humana, satisfacción del cliente, gerenciamiento de rutina y gerenciamiento de mejora. Opera en grupos a través de consultores que realizan cuatro visitas y consta de seis sesiones de capacitación de ocho horas cada una,  previo diagnostico realizado a la empresa.

Una vez realizado los exámenes correspondientes, se obtiene el Distintivo "M" y tiene una vigencia de 2 años a partir de la fecha en que la Secretaría lo expide, tiene un número de folio único y permanente; Al finalizar esta vigencia, las empresas pueden renovarlo cambiando únicamente la nueva fecha de vigencia.

De acuerdo con datos de la Secretaría, los resultados de 2002- 2012, han sido 10392 empresas con el distintivo  de las que el 58% son micro, 35% pequeñas y 7% medianas, principalmente:

- Empresas localizadas en Pueblos Mágicos dedicadas al comercio y/o servicios.

- Pequeñas y Medianas Empresas del Sector en localidades turísticas.

- Proveedores Nacionales de Empresas Turísticas.

Algunos beneficios que se obtienen al adquirir el distintivo "M", comparado con empresas del sector que no lo tienen, son:

- Mayor satisfacción de  clientes  (18%)

- Mayor productividad (26%)

- Menor desperdicio (55%)

- Incremento en número de clientes (57%)

- Incremento de ventas (56%)

Asimismo, el programa permite acceder a las MYPYMES a financiamiento para capital de trabajo y equipamiento, sin garantías reales, con tasas de interés competitivas, sin estados financieros como base para otorgar el crédito y acceso a capacitación y asistencia técnica.

En Chiapas sólo hay 108 establecimientos que cuentan con este distintivo, del total de 831 establecimientos de hospedaje, 73 discotecas y centros nocturnos, 113 bares turísticos y 1345 restaurantes, entre otros datos que presenta el documento "Perspectiva estadística Chiapas 2012" del Instituto Nacional de Estadística y Geografía (INEGI). La falta de interés en el mejoramiento continuo del servicio en las MIPYMES turísticas del Estado representa una debilidad en la competitividad en relación a los servicios que se ofrecen en otros lugares del País, afectando directamente al turista y la percepción que tiene acerca de los establecimientos a que acude y sobre todo recomienda a sus amigos y conocidos. De ahí que es necesario que las empresas se involucren en estas actividades para incrementar la calidad de los servicios que presta e incremente su competitividad y rentabilidad .

## Los Distintivos en las empresas turísticas

Desde hace varios años, la Secretaría de Turismo ha implementado diversos programas para la obtención de Distintivos, que son programas de gestión para el mejoramiento de la calidad de las empresas turísticas en diversas áreas, a continuación se comentan algunos de ellos.

- Distintivo "M"

También llamado "Programa de Calidad Moderniza", está dirigido sobre todo a las Micro, Pequeñas y Medianas Empresas Turísticas (MIPYMES Turísticas). Brinda capacitación, asesoría y acompañamiento que facilita a las MIPYMES Turísticas el incorporar a su forma de operar herramientas efectivas y prácticas administrativas modernas, que les permiten mejorar la satisfacción de sus clientes, el desempeño de su personal y el control del negocio, disminuir los desperdicios; incrementar su rentabilidad; en pocas palabras, hacer más competitiva a la empresa. El Distintivo tiene una vigencia de 2 años.

- Distintivo "H"

El "Programa Nacional de Manejo Higiénico de Alimentos", Distintivo "H", es para todos los establecimientos fijos de alimentos y bebidas por cumplir con los estándares de higiene que marca la Norma Mexicana NMX-F605 NORMEX 2004, tiene como propósito disminuir la incidencia de enfermedades transmitidas por los alimentos en turistas nacionales y extranjeros.

El programa "H" es 100% preventivo, lo que asegura la advertencia de una contaminación que pudiera causar alguna enfermedad transmitida por alimentos; este programa contempla un programa de capacitación al 80% del personal operativo y al 100% del personal de mandos medios y altos, esta capacitación es orientada por un consultor registrado con perfil en el área químico–médico-biológica, y los conocimientos que se imparten están estructurados bajo lineamientos dictados por un grupo de expertos en la materia. El Distintivo H tiene una vigencia de un año.

- Punto limpio

El objetivo de este programa es impulsar el fortalecimiento de la cultura de "Seguridad y Calidad Higiénica" en la prestación de servicios turísticos, a fin de proteger la salud de los visitantes, los trabajadores del sector y de los miembros de las comunidades receptoras. El programa busca: evitar riesgos sanitarios en los destinos turísticos de México, brindar confianza a los turistas nacionales e internacionales, recuperar la competitividad de los destinos turísticos. Se dirige a todos los prestadores de servicios turísticos, tales como hoteles, líneas aéreas, agencias de viaje, restaurantes, transportes terrestres, taxis, museos, entre otros. Tiene vigencia de un año.

La importancia de conocer estos programas radica en que las empresas turísticas puedan acercarse a la Secretaría de Turismo para mejorar la calidad de los servicios que presta, a través de la obtención de cualquiera de los distintivos mencionados, con beneficios adicionales que los mismos proporcionan, tales como lograr ser más competitivos y acceder a créditos de una manera más sencilla.

**Nociones de Propiedad Industrial, como medida para salvaguardar su patrimonio.**

Cualquier empresa, sea física o moral, y de cualquier tamaño, tendrá siempre aspectos de propiedad industrial que proteger, en la mayoría de los casos, el desconocimiento del tema y la falta de importancia que suscita puede ocasionar que se ponga en riesgo el patrimonio de la empresa, aquí van algunos comentarios que pueden ser de ayuda para tomar las medidas conducentes:

a) Si su producto es nuevo, debe registrar la formula y el envase o empaque si es diferente a los demás, a través de una patente.

b) En el caso de la promoción, los slogans publicitarios que lo identifican, se consideran avisos comerciales y el derecho exclusivo para usarlo es de 10 años, pudiendo prorrogarse, siempre que se registre.

c) El nombre comercial de la empresa, también puede registrarse bajo los mismos términos que el inciso anterior.

d) Respecto a las marcas, son todo signo visible que se utiliza para distinguir e individualizar un producto o servicio de otros de su misma clase o especie. Su función principal es la de servir como elemento de identificación de los diversos productos y servicios que se ofrecen y se prestan en el mercado. Una marca debe registrarse para que el propietario, obtenga un Título de Registro que le da derecho a usarla en forma exclusiva en toda la República Mexicana. De esta manera nadie deberá usarla sin su autorización o en su caso le pagará una indemnización por haberlo usado sin su permiso. El plazo del trámite es por lo general de seis meses a un año, y el derecho exclusivo para usar la marca también dura diez años, debiendo hacer la renovación del trámite al término del plazo.

Es importante comentar que en caso de que otra persona o empresa registre la marca en perjuicio de otra persona, es decir, sin que sea el propietario, esta podrá a través de un litigio demostrar el uso de la marca por periodos continuados y de buena fé, aunque no esté registrada y obtener una indemnización por daños y perjuicios. Sin embargo, lo importante para no llegar a estos extremos es revisar si en la empresa se cuenta con estos activos que aunque no representan liquidez a corto plazo como puede ser un vehículo o mercancía, si forman parte del patrimonio de la empresa y a la larga generan ingresos  por la confianza y distinción de los clientes hacia los productos y servicios que  se ofertan.

Por último, todos estos trámites se realizan en el Instituto Mexicano de la Propiedad Industrial, y se presentan los datos que requieren acompañando a los formatos solicitados en cada caso, además de pagar un importe por concepto de la búsqueda de marcas, nombres comerciales parecidos y del derecho  de uso respectivo.


in utilizar plenamente la capacidad intelectual, creativa y la experiencia de todas sus personas. De igual forma como producto de los cambios sociales y culturales, en las empresas todos tienen el deber de poner lo mejor de sí para el éxito de la organización. Sus puestos de trabajo,  futuro y  posibilidades de crecimiento de desarrollo personal y laboral depende plenamente de ello.

**Obligaciones de los prestadores de servicios turísticos.**

La Ley General de Turismo vigente, define a los servicios turísticos como aquellos dirigidos a atender las solicitudes de los turistas a cambio de una contraprestación. Asimismo, establece entre otras obligaciones para los prestadores de servicios turísticos, las siguientes:

a) Inscribirse en el Registro Nacional de Turismo, que es el catálogo público de prestadores de servicios turísticos en el país y a través del cual el gobierno federal, estatal y municipal podrá contar con información sobre los prestadores de servicios turísticos, con objeto de conocer mejor el mercado turístico y establecer comunicación con las empresas cuando se requiera. Los prestadores de servicios turísticos, a partir de que inicien operaciones, contarán con un plazo de treinta días naturales para su inscripción, en caso de no hacerlo serán sancionados con multa que podrá ir de quinientos hasta mil quinientos días de salario mínimo vigente en el Distrito Federal.

b) Anunciar visiblemente en los lugares de acceso al establecimiento la dirección, teléfono o correo electrónico, tanto del responsable del establecimiento, como de la autoridad competente (Procuraduría Federal del Consumidor), ante la que puede presentar sus quejas; su incumplimiento será sancionado con multa de hasta quinientos días de salario mínimo vigente en el Distrito Federal

c) Informar al turista los precios, tarifas, condiciones, características y costo total, de los servicios y productos que éste requiera;

d) Cumplir con los servicios, precios, tarifas y promociones, en los términos anunciados, ofrecidos o pactados. Ante queja del consumidor o turista, el establecimiento será sancionado con multa de hasta tres veces la suma correspondiente al servicio incumplido.

e) Expedir, aún sin solicitud del turista, factura detallada, nota de consumo o documento fiscal que ampare los cobros realizados por la prestación del servicio turístico proporcionado;

f) Profesionalizar a sus trabajadores y empleados, en los términos de las leyes respectivas.

g) Disponer de lo necesario para que los inmuebles, edificaciones y servicios turísticos incluyan las especificaciones que permitan la accesibilidad a toda persona de cualquier condición (rampas, salidas de emergencia, entre otros);

h) Prestar sus servicios en español como primera lengua, lo que no impide que puedan prestar los servicios en otros idiomas o lenguas.

i) En la prestación y uso de los servicios turísticos no habrá discriminación de ninguna naturaleza en contra de persona alguna, en caso de incumplimiento se podrá presentar una queja ante la Comisión Nacional o Estatal de Derechos Humanos.

j) En caso de que el prestador del servicio turístico incumpla con uno de los servicios ofrecidos o pactados o con la totalidad de los mismos, tendrá la obligación de rembolsar, bonificar o compensar la suma correspondiente por el pago del servicio incumplido, o bien podrá prestar otro servicio de las mismas características o equivalencia al que hubiere incumplido, a elección del turista. Ante queja del turista, será sancionado con multa de hasta tres veces la suma correspondiente al servicio incumplido.

Es importante que los prestadores de servicios estén pendientes de cumplir con las obligaciones que les corresponden para evitar ser sujetos a sanciones, asimismo que como consumidores se conozcan los derechos que se tienen al recibir un servicio turístico  pudiendo reclamar el cumplimiento del mismo o interponer la queja correspondiente.

## Planeación Estratégica de Recursos Humanos

La planeación estratégica está orientada a lograr objetivos institucionales; también se considera como el proceso de decidir sobre una organización, sus recursos y las políticas que orientarán el logro de sus objetivos. Respecto a los recursos humanos, es el proceso de anticipar y prevenir el movimiento de personas hacia el interior, dentro de ésta y hacia fuera de la organización.

Beneficios:

a) Permite situar personas en la cantidad, calidad y oportunidad que la empresa necesita.

b) Permite detectar oportunidades.

c) Reduce consecuencias de cambios y condiciones adversas.

d) Permite asignar recursos y tomar decisiones oportunas.

e) Constituye marco de comunicación entre el personal.

f) Incorpora conducta individual a esfuerzo grupal.

g) Propicia actitud positiva en relación al cambio.

h) Brinda disciplina y formalidad a la administración del negocio.

Importancia

a) Individual. Ayuda a las personas en el uso de sus potencialidades.

b) Organizacional. Asegura la disposición del personal en cantidad, calidad y oportunidad.

c) Ambiental. Mejora el ambiente brindando oportunidades a la empresa y sus emplea

Objetivos:

Optimizar el factor humano de la empresa, asegurar en el tiempo la plantilla necesaria cualitativa y cuantitativamente; desarrollar, formar y promocionar al personal actual, en relación a las necesidades futuras de la empresa; motivar al factor humano de la empresa, mejorar el clima organizacional y contribuir a maximizar el beneficio de la empresa

Elementos del plan estratégico:

En este punto se consideran los siguientes elementos: Identificación de áreas clave de recursos humanos, establecer la misión de Recursos Humanos, realizar un análisis diagnóstico de las fortalezas y debilidades del personal con que se cuenta, identificar brechas y áreas críticas, determinar el objetivo de RR. HH., elección de estrategia, establecimiento de políticas de RR. HH, Formular planes de acción y presupuestación de los recursos humanos, es decir los importes que se requerirán en el futuro para el pago de los sueldos, salarios y prestaciones sociales.

**Protección del patrimonio a través del registro de marca.**

Marca es un signo distintivo, símbolo o combinación de ambos, visible como una palabra, figura tridimensional , que sirva para distinguir productos o servicios de otros de su misma especie en el mercado.

*Importancia de registrar una marca:*

El titular de la marca será el único dueño que tendrá derecho a emplear en todo México el signo de que se trate. Para distinguir los productos o servicios amparados por el registro. El registro de una marca o aviso comercial otorgará a su titular los medios jurídicos necesarios para oponerse a cualquier uso del signo distintivo que realice un tercero sin autorización manifiesta del titular, en su caso, recibir el pago de daños y perjuicios que le haya causado el uso no autorizado (40% de las ventas realizadas). Al solicitar el registro de una marca, el titular evita que otra persona llegue a registrar antes que él un signo distintivo idéntico o similar.

*Tipos de marcas:*

a) Nominativas: Se componen de una o más palabras.

b) Innominadas: Consisten en figuras, diseños o logotipos sin palabras

c) Mixtas: Es la combinación de palabras con figuras, diseños, logotipos o colores.

d) Tridimensionales: Son signos, dibujos, diseños y logotipos, con o sin la combinación de palabras en tres dimensiones

*Signos, denominaciones y medios utilizables como marca:*

Denominaciones y figuras visibles, suficientemente distintivas, susceptibles de identificar los pro ductos o servicios a que se apliquen o traten de aplicarse, frente a los de su misma especie o clase, formas tridimensionales, nombres comerciales y denominaciones o razones sociales, y nombre propio de una persona física, siempre que no se confunda con una marca registrada o un nombre comercial publicado.

*Designaciones y medios no utilizables como marca:*

Las denominaciones, figuras o formas tridimensionales animadas o cambiantes; nombres técnicos o de uso común, palabras que en lenguaje corriente o que se hayan convertido en la designación usual o genérica de los mismos. Formas tridimensionales de dominio público, uso común, que carezcan de originalidad, letras, dígitos y colores aislados, la traducción a otros idiomas o la variación ortográfica de palabras no registrables, nombres, seudónos, firmas y retratos de personas sin su consentimiento, títulos de obras literarias, artísticas, científicas, personajes de ficción sin autorización expresa de los titulares de esos derechos, denominaciones, figuras o formas tridimensionales iguales o semejantes a una marca famosa en México, la reproducción o imitación de: Escudos, banderas o emblemas de cualquier país, estado, municipio. Denominaciones, siglas, símbolos o emblemas de organizaciones internacionales, monedas, billetes de banco, monedas conmemorativas

El tiempo estimado para tramitar el registro de una marca es de 6 meses a un año, ante el Instituto Mexicano de Propiedad Industrial (IMPI). La vigencia es por un período de 10 años a partir de la fecha de presentación de la solicitud, la renovación es por períodos iguales en forma indefinida. Si la marca es aceptada se hace entrega de un "Título de Registro de Marca" en el que se indican los datos, los de la marca y el número de registro. Si la marca no se usa durante tres años, procede la caducidad del registro.

Por lo anterior, se recomienda el registro de su marca ya que de este modo podrá proteger su patrimonio, consolidar su marca con los clientes y evitar controversias judiciales para reclamar lo que en derecho le corresponde.

**Proceso de mejora continua en las empresas, una estrategia para mejorar la calidad y eficiencia.**

El mejoramiento continuo más que un enfoque o concepto es una estrategia, y constituye una serie de programas generales de acción y recursos para lograr objetivos completos, que pretende mejorar productos, servicios y procesos.

En la actualidad el Sistema Empresarial se encuentra en un proceso de perfeccionamiento que en sí constituye un programa de mejora, pero en la medida en que este se apoye en enfoques utilizados en la práctica mundial se obtendrán mejores resultados. Un plan de mejora requiere que se desarrolle en la empresa un sistema que permita:

•        Contar con empleados entrenados para hacer el trabajo bien,  controlar los defectos, errores y realizar diferentes tareas u operaciones.

•        Contar con empleados motivados que pongan empeño en su trabajo y busquen realizar las operaciones de manera optima y sugieran mejoras.

•        Contar con empleados con disposición al cambio, capaces y dispuestos a adaptarse a nuevas situaciones en la organización.

La aplicación de la metodología de mejora exige determinadas inversiones. Es posible y deseable justificar dichas inversiones en términos económicos a través de los ahorros e incrementos de productividad. Algunas de las herramientas utilizadas incluyen las acciones correctivas, preventivas y el análisis de la satisfacción en los miembros o clientes. Se trata de la forma más efectiva de mejora de la calidad y la eficiencia en las organizaciones. En el caso de empresas, los sistemas de gestión de calidad, normas ISO y sistemas de evaluación ambiental, se utilizan para conseguir el objetivo de la calidad.  La mejora continua requiere:

- Apoyo en la gestión, incluyendo: organización lógica del trabajo, identificación del problema y planificación, observaciones y análisis, establecimiento de objetivos a alcanzar, establecimiento de indicadores de control..

- Feedback (retroalimentacion) y revisión de los pasos en cada proceso. Incluye la preparación exhaustiva y sistemática de lo previsto, aplicación controlada del plan, verificación de la aplicación.

- Claridad en la responsabilidad de cada acto realizado. Verificación de los resultados de las acciones realizadas y comparación con los objetivos.

- Ajustar: Analizar los datos obtenidos., proponer alternativa de mejora, estandarización y consolidación, preparación de la siguiente etapa del plan.

Por lo tanto, la Mejora Continua, significa mejorar los estándares, estableciendo a su vez, estándares más altos, por lo que una vez establecido este concepto, el trabajo de mantenimiento por la administración o por el responsable del proceso, consiste en procurar que se observen los nuevos estándares. Cuando se efectúan mejoras en los procesos, éstas a la larga, conducirán a mejorar la calidad y la productividad, evitando así, la preocupación por los resultados. Siempre que se logra implementar un nuevo estándar por innovación, este debe estar seguido de una serie de esfuerzos por parte del responsable del proceso y su personal, para mantenerlo y mejorarlo, como base estratégica de desarrollo de cada uno de los procesos que configuran la empresa.

Las empresas no pueden continuar sin utilizar plenamente la capacidad intelectual, creativa y la experiencia de todas sus personas. De igual forma como producto de los cambios sociales y culturales, en las empresas todos tienen el deber de poner lo mejor de sí para el éxito de la organización. Sus puestos de trabajo, futuro y posibilidades de crecimiento de desarrollo personal y laboral depende plenamente de ello..

**Proceso de planeación estrategia para las micro y pequeñas empresas.**

El proceso de planeación estratégica comprende el desarrollo o revisión de la misión y visión de la empresa, es importante establecer que por muy pequeño que sea su negocio este debe tener un propósito y metas, por ejemplo: una taquería puede tener como propósito vender tacos bien elaborados, con higiene, excelente sabor y a un precio accesible y tener como metas el incrementar su clientela, vender una cantidad mayor de tacos, trabajar doble turno, entre otros.

Ahora bien, ¿Cómo lograr cumplir estas metas?, una herramienta muy útil y sencilla de utilizar es la metodología de la planeación estratégica. A continuación se presentan algunos consejos que pueden ayudarle a aplicar esta estrategia:

Pasos de la planeación estratégica:

a) Comienza con la definición de su misión (para que sirve su empresa, que hace), y la visión ( a dónde quiere llegar, sus metas);

b) En segundo término debe identificar las amenazas (competencia, costos de materia prima, entre otros aspectos externos que no podemos controlar) y oportunidades, por ejemplo: no pagar impuestos durante un año en caso de régimen de incorporación fiscal, un posible contrato.

c) Asimismo, determinar las debilidades (pocos empleados, falta de capacitación, local muy pequeño, entre otros aspectos que son un problema de carácter interno y que si podemos cambiar), y detectar las fortalezas del negocio, por ejemplo: producto de calidad, sabor distintivo, buen servicio, buena ubicación, atención personalizada.

d) Generar estrategias alternativas a través de pensar qué puedo hacer para lograr mis objetivos considerando las amenazas, debilidades, fortalezas y oportunidades que ya detecte.

e) Desarrollo del plan estratégico, se refiere a tomar decisiones de lo que se va a realizar, considerando los plazos, recursos materiales que se requerirán y quien lo va a llevar a cabo, por ejemplo: Se quiere ampliar el horario del negocio, entonces se requiere de personal extra que cubra el horario, que conozca el producto o servicio, se necesita además de un inventario actualizado para cubrir la posible demanda y dar a conocer el nuevo horario a los clientes.

f) Desarrollo del plan táctico, se refiere a como llevar a cabo cada actividad a detalle, es decir costos, tiempo específico y medidas a tomar, siguiendo el ejemplo anterior: para el personal extra cambiar de horario a un empleado que ya se tiene o contratar uno nuevo y capacitarlo (establecer plazo para su contratación, sueldo, horario), acerca del inventario (determinar fecha del inventario, quien lo llevará a cabo) y solicitud de productos faltantes o de rápido desplazamiento (establecer cuánto, cuándo y forma de pago), y para dar a conocer el nuevo horario ( realizar volantes, folletos, perifoneo, correo electrónico, entre uso de otros medios; quién lo realizará, cuánto tiempo y el costo).

g) Control y evaluación de resultados, es muy importante que el dueño o encargado revise que se están llevando a cabo las acciones planeadas, en tiempo y forma, a fin de poder tomar las medidas o    acciones que se requieran en el momento oportuno. La evaluación de resultados se realiza una vez que el plan ya se ha puesto en marcha, para saber si funciona y en caso contrario tomar las decisiones necesarias.

h) Una vez concluido este proceso se repite de nuevo con otros objetivos planteados.

Recuerde que el proceso de planeación estratégica es continúa, es decir nunca se termina, ya que constantemente se debe de estar buscando oportunidades para mejorar las actividades y procesos  que se realiza en un negocio y a través de la aplicación de esta herramienta administrativa usted puede ayudarse a consolidar su negocio y  los más importante  crecer con rumbo fijo, es decir con una meta clara y  con los elementos que requiere para alcanzarla.

**Presupuesto de efectivo, herramienta indispensable para determinar la liquidez de una empresa.**

La forma en que una empresa asigna sus recursos es un elemento decisivo para la evaluación del desempeño general de la misma. Al asignar recursos, los administradores tienen en cuenta sus operaciones, oportunidades y el impacto en el patrimonio del dueño o socios, en su caso. Cualquier decisión importante de asignación de recursos implica la realización de un cálculo acerca de cuánto vale esa decisión, sin importar la magnitud de la empresa.

Un proyecto debe generar beneficios económicos futuros que justifiquen la inversión; asimismo, es de suma importancia determinar de donde se obtendrá el dinero necesario para realizarlo, ya sea para la adquisición de un equipo de transporte, maquinaria, terreno, edificio, materia prima o cualquier otro activo que se requiera.

Por otra parte, es importante conocer cómo se hará frente a la amortización del crédito, por lo que se deben hacer cálculos y proyecciones financieras. Una forma muy sencilla y utilizada de conocer la liquidez de la empresa es realizando un presupuesto de efectivo, a través del método de entradas y salidas.

Para elaborarlo es necesario conocer todas las entradas presupuestadas de efectivo durante el período en que se pagará el crédito. Se realiza en forma mensual y se incluyen las ventas esperadas en efectivo, cobranza a clientes, intereses por cobrar y algún otro posible ingreso a obtener. Al total de ingresos se resta el total de egresos esperados en el mes, incluyendo pago a proveedores, sueldos, impuestos por pagar, entre otros gastos fijos y extraordinarios que se vayan a realizar, por supuesto se debe incluir el pago proporcional del crédito adquirido.

Una vez realizada la resta de ingresos menos egresos, se obtiene la diferencia que puede ser un sobrante o un faltante de efectivo. Este resultado servirá para tomar decisiones al determinar si la empresa podrá hacer frente a sus deudas con los ingresos probables esperados en el mismo período.

Es conveniente que si se decide realizar la inversión se evalúen los datos reales y se confronten contra el presupuesto realizado, a fin de tomar las decisiones financieras y administrativas correspondientes para corregir los resultados y evitar una catástrofe financiera al no poder hacer frente a los compromisos adquiridos.

## Sistema para la evaluación del desempeño en la pequeña empresa.

La evaluación es una práctica que se viene efectuando desde hace mucho tiempo, ya que es un instinto natural del ser humano emitir juicios en cualquier circunstancia. La evaluación en el trabajo, es un proceso formal para calificar el desempeño laboral, en el que se identifica a quienes merecen aumentos o ascensos y se detecta a los que requieren capacitación (Stoner, 1996: 412); por lo que si no se tienen parámetros bien definidos y una estructura para llevar a cabo esta evaluación se pueden emitir juicios erróneos en forma arbitraria e injusta.

Las organizaciones modernas requieren que en los puestos de trabajo se obtengan resultados que las ayuden a conseguir el éxito, la evaluación del desempeño es una herramienta útil para medir el rendimiento general del trabajador durante el desarrollo de sus funciones en un tiempo determinado. Asimismo, es una fuente de información que puede aportar datos para determinar los salarios,  prestaciones adicionales que se otorgan a los empleados y capacitación que se requiere. En general, el establecimiento de salarios es determinado por la oferta y demanda de empleo, sin embargo es importante estar evaluando constantemente el desempeño de los empleados a fin de identificar aquellos elementos que  dan su esfuerzo y dedicación en el trabajo.

En las pequeñas empresas este tema no es considerado importante, y por el nivel de ingresos y su estructura organizacional no cuentan con la capacidad suficiente para establecer un departamento de recursos humanos siendo estas funciones realizadas por el dueño, Gerente General o Contador de la empresa, la mayoría de las veces  sin los conocimientos necesarios para llevarlas a cabo en forma eficiente. Así, la evaluación se realiza de manera discrecional y no siempre se dan a conocer los resultados a los trabajadores, ocasionando conflictos ya que generalmente el personal considera que su trabajo no es convenientemente recompensado. El empleado ve en el importe de la retribución una medida del valor de su trabajo, provocando en ocasiones que personal con experiencia y capacidad se vayan de la empresa al no recibir los beneficios esperados por su desempeño laboral. Respecto a la capacitación, normalmente es considerada como un gasto y no como una inversión, los programas en ocasiones no coinciden con las necesidades de los empleados y por lo tanto no mejoran el desempeño una vez que se han llevado a cabo.

Así, se considera importante que la evaluación se realice en las pequeñas empresas de una manera sencilla y sin requerir de mucho tiempo en su elaboración y aplicación. A continuación se presenta un sistema que utiliza parámetros para su medición para evitar que la evaluación sea muy subjetiva, como ocurre normalmente en la mayoría de las pequeñas empresas.

Las etapas del sistema de evaluación del desempeño pueden ser:

a) *Reconocimiento de las actividades de los empleados,* corresponde al reconocimiento objetivo y práctico de lo que debe hacer el trabajador en su puesto de trabajo, es una descripción de puestos sencilla en el que se integran las tareas que se realizan para alcanzar las metas y objetivos de la organización. Para integrar una descripción de tareas se requieren los siguientes datos: Nombre del puesto, ubicación (área y departamento), supervisor o jefe inmediato, objetivo del puesto y actividades principales del puesto.

b) *Diseño de la cedula,* los criterios para realizar la cédula de evaluación del desempeño deben corresponder a la naturaleza de las tareas que se desempeñan en la empresa, los parámetros a utilizar, pueden ser entre otros:

- Las necesidades de capacitación pueden detectarse con los parámetros de calidad en el trabajo, conocimiento del puesto, aprovechamiento de materiales y seguridad en el trabajo.

- Los incrementos salariales y premios se determinan con los parámetros de calidad en el trabajo, rapidez, conocimiento del puesto iniciativa y trabajo en equipo.

- La promoción puede establecerse con base en calidad, conocimiento del puesto, iniciativa, disciplina, trabajo en equipo y relaciones interpersonales.

Es importante que se establezcan puntos para evaluar cada parámetro, a continuación se presenta un ejemplo de la cedula de evaluación que incluye algunos de los aspectos mencionados con anterioridad:

Datos Generales:

| Nombre del empleado: |
| --- |
| Área de trabajo: |
| Denominación del puesto: |
| Sueldo mensual: |
| Fecha: |

a) Puntualidad y asistencia:

¿Cumple con el horario establecido y con su asistencia cada mes?

| | |
|---|---|
| Acumula de una a dos faltas y/o tres retardos por mes | 4 |
| Acumula hasta dos retardos por mes | 6 |
| Llega a tener un retardo por mes | 8 |
| Nunca falta ni llega tarde sin justificación | 10 |

b) Calidad en el trabajo:

¿Realiza con precisión, confiabilidad y presentación los trabajos que le son encomendados?

| | |
|---|---|
| Su trabajo contiene un alto índice de errores | 4 |
| Requiere supervisión constante porque comete errores | 6 |
| Por lo general realiza buenos trabajos | 8 |
| Sus trabajos son excelentes no comete errores | 10 |

c) Rapidez en el trabajo

¿Ejecuta con prontitud los trabajos que le son encomendados?

| | |
|---|---|
| Es lento en entregar trabajos | 4 |
| Regularmente entrega a tiempo | 6 |
| Siempre entrega a tiempo | 8 |
| Entrega el trabajo con anticipación | 10 |

d) Disciplina

¿Acata las disposiciones de los superiores para el buen funcionamiento de su área de trabajo?

| | |
|---|---|
| Si puede evade las instrucciones | 4 |
| Manifiesta inconformidad pero sigue las indicaciones | 6 |
| En ocasiones pone objeciones a las instrucciones | 8 |
| Siempre se sujeta a las instrucciones recibidas | 10 |

e) Iniciativa

¿Muestra disposición para trabajar por sí solo, aún cuando no esta su jefe?

| | |
|---|---|
| No, requiere constantes invitaciones a trabajar | 4 |
| Si, solo en ocasiones necesita recomendaciones | 6 |
| Si, nunca se requiere recordarle sus labores | 8 |
| Si, además propone mejoras en el trabajo | 10 |

f) Relaciones interpersonales

¿Muestra apertura a las relaciones interpersonales con sus compañeros y superiores?

| | |
|---|---|
| Rechaza el trato con sus compañeros | 4 |
| Las relaciones son aceptables | 6 |
| Por lo regular es amable con los jefes y compañeros | 8 |
| Mantiene excelente trato con todos | 10 |

g) Aprovechamiento de materiales y equipo

¿Utiliza adecuadamente el equipo, material y recursos asignados para el desempeño de sus tareas?

| | |
|---|---|
| Gasta injustificadamente material y equipo | 4 |
| Ocasionalmente muestra fallas en el cuidado del material y equipo | 6 |

| | |
|---|---|
| Procura conservar el material y equipo | 8 |
| Se esmera en el cuidado de los materiales | 10 |

| |
|---|
| Total de puntos: |
| Comentarios:<br><br>Áreas fuertes: |
| Áreas débiles: |

Nombre y firma del supervisor                                         Firma del empleado

c) *Aplicación de la cédula.* La evaluación debe ser justa y calificar de acuerdo con el resultado que verdaderamente obtiene durante su desempeño el trabajador, cada pregunta debe tener varias opciones de respuesta mediante una escala de puntos que representa el nivel de productividad. Una vez señalados los puntos, es necesario sumarlos a fin de obtener el nivel de productividad del trabajador. Algunas políticas del procedimiento de aplicación son, por ejemplo: Evaluar dos veces al año, al personal de nuevo ingreso la primera vez a los seis meses, previa a la evaluación conseguir la información necesaria para evaluar cada parámetro; en caso de tener las dos evaluaciones sobresalientes, puede originarse una promoción o premio, por el contrario si se encuentran deficiencias puede considerarse la programación de cursos de capacitación necesarias.

d) *Retroalimentación con los colaboradores.* Tiene como propósito platicar con los empleados sobre sus resultados mediante una entrevista que debe ser privada y de manera individual.

La importancia de la retroalimentación radica en que se debe dar una idea clara al evaluado acerca de su desempeño, observando sus puntos débiles y fuertes, a fin de compararlos con los patrones de desempeño esperados. Algunos empleados no pueden darse cuenta de que no están alcanzando las expectativas o piensan que todo es aceptable porque nadie ha discutido nunca el problema con ellos (Maddux, 1991: 51).

e) *Establecimiento de compromisos.* Deben ser de común acuerdo a fin de que no se ejerza autoridad y se genere mayor responsabilidad en el empleado. Es conveniente anotar los compromisos y la fecha de cumplimiento, a fin de que se realice el seguimiento del mismo.

f) *Presentación de resultados.* Se realiza mediante el vaciado de los datos obtenidos en la evaluación por áreas, a fin de conocer en cuales requieren mayor apoyo, mediante la suma de los resultados obtenidos por cada parámetro.

Finalmente, la importancia de evaluar el desempeño en una empresa radica en que a partir de los resultados obtenidos es posible diagnosticar necesidades de capacitación y servir de base para premiar a los empleados con mayor puntuación a través de incrementos salariales, promociones, programas de protección, tarjetas de presentación, oportunidades para el crecimiento personal; entre otros aspectos, que servirán para motivar al personal mediante un proceso que determinará beneficios para el evaluado y redundará en la productividad de la empresa al tener trabajadores motivados y con deseos de lograr los objetivos que la empresa establezca. En caso contrario, se corre el riesgo de que los empleados que cumplen con los estándares propuestos se vayan de la empresa ocasionando gastos relacionados con la búsqueda, selección, inducción y entrenamiento, de empleados nuevos, entre otros.

## Sugerencias para motivar al personal en la empresa

Motivación es un impulso que nos permite mantener una cierta continuidad en la acción que nos acerca al logro de un objetivo y que una vez logrado, saciará una necesidad, también se considera que es la combinación entre los deseos y energías de la persona para alcanzar una meta.

Esta conducta requiere varios elementos:

- Esfuerzo – se refiere a la magnitud o intensidad de la conducta que se exhibe para alcanzar una meta o un objetivo ya sea personal o laboral.

- Persistencia – se refiere al esfuerzo sostenido para alcanzar una meta o objetivo.

- Dirección- se refiere a si el esfuerzo y la persistencia van en la vía correcta

### a) Técnicas de motivación laboral:

- Promoción en el trabajo. Como recompensa por logro de objetivos propuestos.

- Política salarial. Incluir conceptos de gratificaciones o pago de primas por puntualidad, logro de metas, entre otros.

- Ambiente de trabajo. Se refiere al medio físico (herramientas y equipo en buen estado, seguridad, ventilación, iluminación, etc.) y medio social (compañerismo, equipos de trabajo, comunicación, entre otros).

- Valoración hombre-puesto de trabajo. Considerar las habilidades personales y su desempeño en relación a la responsabilidad y complejidad de las tareas según el puesto.

### b) Medios para evaluar la motivación en la empresa:

La observación y valoración de las actitudes de los trabajadores, los cuestionarios o listas de preguntas, las entrevistas, las encuesta, análisis de las condiciones de trabajo.

c) **Sugerencias para incentivar la motivación laboral:**

- Involucrar al personal en la toma de decisiones de acuerdo a su capacidad.

- Mantener al personal informado de las tareas a realizar y sus recompensas..

- Mantener una política de "puertas abiertas" y de que se vea equidad en la asignación de recompensas.

- Desarrollar una actitud de cuidado al establecer metas de manera que sean alcanzables..

- Escuchar y conocer a los empleados para saber sus expectativas y aspectos que les motivan.

- Trato de respeto y justicia para todos.

- Invitar a dar sugerencias y ofrecer críticas constructivas.

- Reconocer el buen desempeño y manejar la motivación positiva.

- Describir a los demás lo que se espera de ellos

- Mantener altos estándares de ejecución

Recuerde que para motivar a otros tenemos que comenzar con nosotros mismos, considere que la mejor forma de mantener la motivación de los empleados/as es entendiendo lo que les motiva a ellos/ellas y reconozca que el mantener motivado a otros es un proceso, no una tarea.

### Ventaja competitiva en el área de recursos humanos a través de la planeación estratégica.

El objetivo de la planeación estratégica es tener una organización focalizada en el cliente, el mercado y la competencia, sosteniendo una ventaja competitiva que genere valor.

Para esto, se requiere desarrollar una planeación táctica que sea la base para toma de decisiones estratégicas, y considere la naturaleza y dirección del negocio, los principios bajo los que se pretende operar y la dirección en la que se debe avanzar.

Por su parte, la planeación estratégica se basa en la intuición y el análisis de datos, aquí se define con claridad *qué* se desea, *cómo* y *cuando* se realizará y *quién* será el encargado, incluye metas con un horizonte de tiempo de 1 a 3 años y contempla los planes de acción para lograrlas, presupuestos y programas.

Respecto a la planeación estratégica de recursos humanos, se deben considerar los siguientes aspectos:

a) Aspiraciones de desempeño a largo plazo

b) Compartir las creencias de ¨cosas que haremos/no haremos¨

c) Capacidades que nos distinguen y nos diferencian

d) Puntos de vista sobre las características de un negocio atractivo

e) Es necesario considerar el ausentismo, que es la duración del tiempo de trabajo perdido cuando el empleado no se presenta al trabajo. Representa un costo para la empresa en el porcentaje de disponibilidad de la fuerza de trabajo.

f) La rotación de personal, que es el resultado de las salidas y entradas de otros para sustituirlos. Obedecen a: Renuncias, despidos, ascensos, traslados, todo movimiento ocasiona gasto a la empresa en las áreas de reclutamiento, selección, entrenamiento y desvinculación.

Los elementos del plan estratégico de recursos humanos deben ser: Identificación de áreas clave de recursos humanos, determinar la misión de Recursos Humanos, análisis de las fortalezas, oportunidades, debilidades y amenazas (FODA), identificación de brechas y áreas críticas, determinación de objetivo del área, elección de estrategia, establecimiento de políticas, formulación de planes de acción, presupuestación de los recursos humanos que se requerirán de acuerdo a los planes de la empresa en el futuro.

Por su parte, las ventajas de establecer el plan estratégico en esta área, entre otras, son:

1) Aspecto Individual. Ayuda a las personas en el uso de sus potencialidades.

2) Aspecto Organizacional. Asegura la disposición del personal en cantidad, calidad y oportunidad.

3) Aspecto Ambiental. Mejora el ambiente brindando oportunidades a la empresa y sus empleados, optimiza el factor humano de la empresa, asegura en el tiempo la plantilla necesaria cualitativa y cuantitativamente, contribuye a desarrollar, formar y promocionar al personal actual, en relación a las necesidades futuras de la empresa, logra motivar al factor humano de la empresa y mejorar el clima organizacional, maximiza el beneficio de la empresa.

# Bibliografía

.

Chiavenato, I (2007). *Administración de Recursos Humanos*, 8ª. Ed. México: McGraw-Hill.

Chiavenato, I (2009) *Comportamiento organizacional*, 2°. Ed. México: McGraw-Hill.

Dessler, G. (2009)   *Administración de recursos humanos*, 11ª. Ed. ,México: Pearson

INEGI, (2009) *Micro, pequeñas, medianas y grandes empresas, estratificación de los establecimientos*, Censos económicos, México.

Kotler, P. , Keller, K. (2009), Dirección de Mercadotecnia, 12ª. E. México: Pearson.

Kotler, P. (2011), El Marketing según Kotler, México: Paidos.

Pedraza, O. (2014), ; Modelo del Plan de negocios para Micro y Pequeña Empresa, México: Patria.

Robbins, S., Judge T. (2013). *Comportamiento organizacional*, 15ª. E., México: Pearson.

Valencia, J.R. (2011). *Administración de pequeñas y medianas empresas*, México: Cengage Learning

Werther W., D.K. (2013). *Administración de recursos humanos*, 7ª. Ed., México: McGraw-Hill

# Referencias electrónicas

www.inmujeres.gob.mx

www.inegi.gob.mx

www.economia.gob.mx

www.sectur.gob.mx